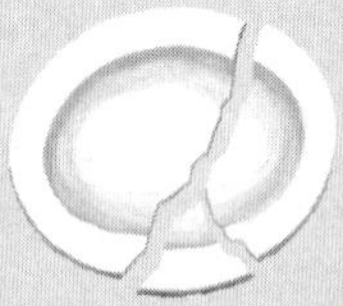

家庭劇本

教育、婚姻、勞動……
思辨支配世代的
家庭制度與不平等陷阱

金知慧
王品涵／譯

目次

臺灣版作者序

繼上一本作品《善良的歧視主義者》後，這次能夠再次透過《家庭劇本》與臺灣讀者相見，我感到相當開心與光榮。2017年，聽聞臺灣司法院公布承認關於同性婚姻的裁決後，包括我在內的許多韓國人都一起慶賀這份喜悅。後來，經由翻譯成韓文的書籍與媒體報導，我們也得以見證臺灣人為了推動同性婚姻法制化付出了多少努力。我想向經過激烈討論與積極行動後，邁向平等的臺灣社會獻上祝賀。我非常感謝能有如此寶貴的機會，透過本書與臺灣讀者分享拙見，也在此向臺灣東販出版社與譯者王品涵表達感激。

不久前，韓國最高法院亦針對承認同性伴侶的權利做出歷史性裁決。韓國最高法院於2024年7月18日裁定，同性配偶有權與異性事實婚配偶同樣享有健保受扶養者的資格；考量健保受扶養者制度的宗旨，同性配偶與事實婚配偶並無差異，不該以同性配偶為由受到歧視。這項裁決已經透過國際媒體的報導傳遍世界，衷心希望在臺灣的各位也曾聽聞這個消息。

這項裁決固然不是承認同性婚姻，而且也僅是在各種社會保障制度之中，承認健保制度內的受扶養者資格。但在曾經看似牢固的家庭觀念中，這項裁決的意義卻無比重大。原因在於，韓國最高法院不受現行家庭法制的限制，並明確表達尊重同性配偶「作為人生伴侶，共同生活與維持生計」的關係，及禁止以性取向為由做出歧視的原則。

本書於2023年8月1日在韓國出版，當時正值各種變革的萌芽階段。在撰寫本書的過程中，我必須持續更新資訊，才有辦法跟得上這些有意義的變化。如同文中所示，韓國大法院於2022年11月變更判決先例，允許育有未成年子女的跨性別者變更性別。2023年3月，憲法法院承認非婚生子女的出生登記權。國會也因此修正相關法律條文；無論父母的關係為何，兒童都可以通過醫療機構的出生通報進行出生登記（目前仍僅限於本國籍兒童）。在最近，也迎來關於同性伴侶權益的重大改變。

我樂見這些能使世界變得平等的裂痕。一道道的裂痕，不僅保障少數群體的權利，更重要的是，讓你我從根本上反思「何謂家庭？」在婚姻制度外出生的人、把性別從「父」變成「母」（反之亦然）的父母與其子女、性別相同的夫妻等，經由這些看似有別於既存秩序的人生，讓曾經被制度隱藏的「人」得以重見天日。當我們在本書中開始探究「何謂家庭？」這個問題時，便會發現包含性少數者在內的人們遭受的各種不平等與歧視。因此，如果這本書的出現，能讓更多人重新審視隱藏在熟悉觀念裡的「家庭劇本」，並且能為社會進步略盡綿薄之力的話，我會感到十分高興。

正如本書所示，在韓國社會中，依然處處可見家庭劇本對生活的影響力。不過，同時也能見到公民在各地為關注的議題發聲，進而激起變革的浪潮。我知道，臺灣一直以來都在為了創造平等的家庭與社會鍥而不捨地奮鬥，並且仍在做出改變。我認為不該將家庭生活視作人生必須履行的任務，而是人人皆能受尊重的自由與平等權利，是關於此生如何以「我」的身分存在、日常且實際的抗爭。身為同個時代的公民，我希望也能藉此向臺灣讀者表達自己在這條路上與各位同在的心。

願每個人都能擁有
平等的家庭與有尊嚴的生活

金知慧　敬上
2024年8月，寫於韓國

序 「家庭」這部劇本

我認為，「家庭」就像一部牢固的劇本。按照這部劇本，我們打從出生開始就背負著扮演好女兒、兒子這個角色的期待；長大成人後，則繼續擔任妻子與丈夫、母親與父親、媳婦與女婿等角色。

然而，所謂家庭的這部劇本在平常是不著痕跡的。多數的情況是，我們認定按照決定好的劇本就是平凡的生活，甚至不曾對此提出任何質疑。習以為常且理所當然地，偶爾咬著牙履行被分配到的角色，因此根本看不出家庭劇本是怎麼寫的。有時得在經歷過混亂後，才會意識到家庭劇本的真面目。比方說此時有個被稱為「性少數」或「酷兒（queer）」的角色登場了，這號陌生人物的登場，便會讓家庭劇本中自然而然建立起來的角色變得「複雜」。這時，我們才終於醒悟到絕大部分的家庭語言與行為都是以性別作為基礎。

試著想像一下，當有人想要變更法定性別或與同性伴侶戀愛、結婚時，這個家庭將會面臨哪些情況。首先，對彼此的稱呼會變得混亂；雖然平常不太意識到這件事，但家庭裡的名稱、稱謂完全都是以性別作為前提。如果有人變更了性別，女兒會變成兒子、媽媽會變成爸爸，而姊姊則會變成哥哥。不只是改變了稱謂，其所背負的期待——也就是在家庭裡的角色改變了。看似理所當然，實際上卻很奇怪。明明是同個人，但單憑性別這一點就能為家庭帶來數之不盡的變化，甚至還會混淆了關係的本質。假如兒子和男人結婚的話，對方是媳婦嗎？還是女婿呢？無法接受這些混亂的人，於是在主張反對同性婚姻時吶喊著：「媳婦是男人像話嗎？」

2022年4月，要求制定《反歧視法》的社會運動家美柳與李宗杰，已經在國會前絕食靜坐了十天[1]。我與同事們前往國會聲援時，在以彩虹色裝飾的靜坐帳篷旁，看見了一整排反對同性婚姻的抗議牌。「請不要將我們的孩子變成同性戀」與「男人是媳婦？女人是女婿？」的抗議牌，整齊地倚牆佇立。有個人站在國會前的斑馬線上，手中舉著「絕對反對試圖透過同性戀合法化來摧毀家庭的《健康家庭基本法》修正案」的抗議牌。

第一次接觸到哀嘆「媳婦怎麼可以是男人？」的口號，約莫是《反歧視法》在2007年首次被提案時。忽然覺得這個既熟悉又年代久遠的口號，看起來十分有趣。仔細想想，不覺得很奇怪嗎？「媳婦」這個素材，為什麼偏偏出現在反對同性婚姻的主張？就同性婚姻在受到承認前必須經歷激烈的反對聲浪這點來說，韓國與其他國家並沒有不同，但我不禁好奇，有沒有其他國家的媳婦與女婿也像這樣成為引起反對的關鍵因素。

反對同性婚姻當然還有其他各種原因。像是大家常提起的「同性伴侶沒辦法生孩子，所以不可以結婚」、「孩子必須同時擁有父母才能健康成長」等原因。只是，諸如此類的原因同樣也開始變得彆扭。倘若家庭生活會因為性別而出現如此巨變，那麼家庭對你我來說，究竟是什麼？換句話說，為什麼在家庭裡是根據性別劃分我們的關係與角色？起初這些角色的功用又是什麼？

性少數的出現，打亂了家庭劇本的走向。於是，在這場混亂的縫隙之中——不，是幸好有了這場混亂，家庭劇本的樣貌才終於顯現。我們為什麼「理所當然地」將結婚生育視為一體，卻又「無可奈何地」歧視在婚姻體制之外出生的人呢？我們的人生為什麼「理所當然地」由遇見什麼樣的父母來決定，不是由父與母擔任照顧者的家庭又為什麼「無可奈何地」不幸呢？為什麼相同性別的人不能組織家庭，又到底為什麼媳婦非得是女人不可？如同在國會前見過的抗議牌，當有人擔心著性少數會不會破壞家庭時，不妨反過來看看這些憂慮的另一面，問一問自己想要守護的到底是什麼樣的家庭？

如果試著對曾經那般理所當然的事提出質疑，是不是就能知道什麼才是我們所期望的家庭？

本書沿著性少數議題造成的裂痕，追溯韓國的家庭制度。人們嘴巴上說著「不可以歧視性少數」，實際上卻很難百分之百接受。因此，有些人明目張膽地表達不悅，有些人則是暗自在心裡帶著疙瘩。假如這些不舒服的情緒是來自與既有的家庭制度產生的衝突，那麼反過來說，衝突點也就意味著家庭劇本的存在。我認為，只要順著環環相扣的脈絡去質疑這種不舒服的情緒究竟從何而來，或許到了最後就能找到支配我們生活的那部劇本。

第1章，就從「為什麼媳婦不可以是男人？」這個口號開始，探究男人不能成為媳婦的原因。針對家庭劇本賦予媳婦什麼樣的角色、為什麼偏偏一定得由女性擔任這個角色提出疑問。我不禁又想，會不會關鍵根本不在於媳婦不可以是男人，而是非得由女人擔任媳婦這點才更有問題呢？

接下來的第2章，則是關於「同性伴侶不能生育，所以不可以結婚」的想法。結了婚生小孩是理所當然、不結婚就不能生兒育女的結婚生育公式，我覺得看起來滿彆扭的。我們去看一看在禁忌之外的世界，思考一下這項公式是為了什麼而創造、當同性婚姻與未婚生育打破這項公式後的世界又是什麼模樣。

即便可以生育，仍會被其他事所阻擋。第3章，探討關於公文明定以強制進行絕育手術，作為跨性別者變更性別條件的公權力。瞭解在那段將某些人的生育與出生視為不受歡迎的歷史裡，國家如何驅逐不符合家庭劇本者的殘忍過往。

第4章，則是檢視關於憂慮孩子「由同性伴侶教養是種不幸」的心態。只要思索一下「孩子必須有父母」的慣有想法，便會發現女性與男性被賦予不同角色的觀念與事實。在以性別區分角色的人類社會裡，性別平等真的有可能實現嗎？讓我們試著思考，究竟是什麼樣的家庭才會因為同性伴侶的出現，導致性別分工瓦解。

早已成為規範秩序與道德的家庭劇本，即使在韓國社會經歷巨變的過程中，依然如常維持著。偏離家庭劇本的人，往往會因為背上毀損家庭與學校名譽的罪名，而遭受殘酷的烙印與懲罰。在第5章中，我們將會瞭解負責維持家庭秩序循規蹈矩的性教育尤其發揮了作用。

在第6章中，我們將會檢視正式制定與保護家庭劇本的法律制度。當法律認定的僵化家庭劇本，造成伴隨「家庭」而來的不公平，並且無法保護實際上一起過生活的人時，又該怎麼辦？我想問的是，韓國社會拚死拚活捍衛的家庭劇本，究竟是為了誰？

最後，則是透過第7章試著想像跳脫家庭劇本的家庭與制度。我思考了一下，關於那個連性少數者也能夢想擁有幸福家庭生活的社會，究竟對其他人來說，蘊含著什麼樣的意義。如果《憲法》第36條第1項保障的家庭生活是所有人應有的權利，我不認為這代表的是要求人必須去適應單一、固定的家庭劇本。

家庭，是打從出生起便決定好、個人無法選擇的東西。因此，家庭制度的種種不合理，以及伴隨而來的不公平，統統都被視為個人的責任或運氣。既然如此的話，所謂「家庭」（無論你想起了誰，無論這個想法蘊含著什麼意義），在我們人生中會不會有點過於重要了呢？因此，我會希望大家先試著想一想「家庭」究竟是什麼。

提筆寫下這本書，其實也是我為了理解家庭作為社會制度與結構的研究計畫。我鑽研與學習了無數學者與社會運動家過去實際探索、發現以及累積的論點。在此向所有學者與社會運動家致上最深的敬意與感謝，是他們教會我如何以更開闊的方式去理解性少數者與家庭這個艱難的主題，並且從全新的視角去看待。本書若仍有任何不足之處，則全歸咎於我。

特別感謝為原稿提供寶貴意見的金藝英老師、羅英廷（Tari）老師、李由娜老師、趙恩周老師、分享神來一筆見解的江陵原州大學多文化學系「女性與社會」的學生們；以及總是給予一針見血的建議，並且始終全力支持著我的崔智秀組長與創批編輯部，使用栩栩如生的故事創作韓文版封面與內文插圖的插畫家Kyuhana與設計師申娜拉，陪伴苦思過程並協助我整理思緒的賢敬，還有在每次創作卡關時，一直為我帶來溫暖慰藉的貓咪們。

在此先請求讀者們的諒解，這本書只會提出無數關於家庭劇本的疑惑與問題，並不會給予解答。儘管如此，我依然希望只要我們能夠一起面對家庭劇本，總有一天可以找出些許線索去化解盤根錯節的各種問題。

（註：以上人名皆為音譯。）

第1章　為什麼媳婦不可以是男人？

口號的亮相

「媳婦怎麼可以是男人！」

2007年11月果川政府綜合辦公大樓前，出現了「絕對反對允許同性戀的法案」的抗議牌。「絕對反對」的對象，是歷經數十年至今仍無法順利立法的《反歧視法》。當時，法務部一預告了即將制定《反歧視法》，將其稱為「允許同性戀的法案」的抗議群眾隨即現身在法務部前。「媳婦怎麼可以是男人」的口號便在此時突然亮相。那時的我，完全沒有預料到這個口號的生命力會延續這麼久。

2010年，隨著被刊載於某日報的頭版廣告後，這個口號開始變得廣為人知[1]。原因在於，在SBS電視劇《人生多美麗》中，真的出現了「媳婦是男人」的同性戀伴侶。這部電視劇，是由家庭劇高收視率保證的金秀賢編劇所寫，SBS電視台從3月至11月總共播映了63集，是星期六、日晚上10點播映的節目，而收視率紀錄平均落在20%左右。

在這部電視劇中，金秀賢編劇將男同性戀成員的設定，納入家庭衝突的因素之一。

這部電視劇以四代同堂的大家庭作為故事背景，身為長孫的泰燮（宋昶儀飾）與慶修（李尚禹飾）是一對情侶。當這對分別是內科醫師與攝影師、所謂「好家境、好工作的花美男」[2]男同性戀伴侶出櫃後，衝突便隨之展開。但衷心希望他們能夠幸福的家人也在故事的最後選擇接納，為整部劇畫下美好的句點。

報紙廣告在電視劇播映不久後的5月被刊載。先是以參雜著感嘆口吻的標題「媳婦怎麼可以是男人？同性戀像話嗎？」作為開頭，接著提出「同性戀摧毀家庭與國家」的主張，並且表示會發起「拒看SBS與任何廣告的運動」。同個時期，某報紙社論也以〈「媳婦怎麼可以是男人？」電視劇的偏差〉為題，慨嘆著「同性戀是最終會摧毀家庭與國家的罪惡」[3]；更提出「捍衛韓國傳統，打造一個不因同性戀受苦、墮落的一流國家」的「韓式反對」[4]。

實際上，相較於其他所謂的先進國家，韓國對同性戀的接受度極低。有份定期針對世界各國對同性戀接受度進行分析的調查[5]，將接受程度劃分為1分（絕對不能合法化）至10分（隨時能合法化）。根據最近一次（2017～2022年）的調查結果顯示，韓國的同性戀接受度是3．2分；從2001年的3分，在經過20多年後也僅增加了0．2

分。相較之下，荷蘭則是以9分幾乎接近完全接受，其餘各國則為丹麥的8．8分、英國的7．9分、法國的6．8分、美國的6．2分等。原本在2000年是4分的日本，也上升至6．7分。經濟合作暨發展組織（OECD）32國的平均是6分，而韓國位居其中的第30名[6]。

雖然OECD的平均分數比韓國高，但也僅是稍微超過10分的一半，由此可見不只有韓國社會才對同性戀感到疏遠、不適。儘管如此，在韓國廣場出現以「媳婦」開頭的這個口號，依然顯得十分獨特與怪異。在可以挑出來反對同性戀的口號之中，為什麼偏偏選擇了「媳婦怎麼可以是男人」？即使報紙廣告或社論也都刊載了其他反對原因，但「媳婦怎麼可以是男人？」始終最令人印象深刻。

至少，有一件事是確定的。「媳婦是男人」，大概被認為足以既簡單又具威嚇性地表達同性戀的「危險性」吧。換句話說，甚至可以讓人感覺到這件事已經到了「摧毀家庭與社會、國家」的程度。直到最近，這個口號仍經常出現在反對性少數族群的抗議活動中。初次接觸這個口號的當下，我只是與它擦身而過，但如今回想起來，倒變得有些好奇——媳婦若是男人到底會發生什麼事？為什麼偏偏是「媳婦」變成了問題所在？

媳婦到底算什麼？

在字典裡，「媳婦」指稱「兒子的妻子」。站在公婆的立場，意即用來稱呼兒子結婚對象的稱謂。媳婦一詞，至少在15世紀就出現過，是個年代相當久遠的詞彙。在韓國，「媳婦（며늘）」這個詞曾出現在15世紀的文獻，16至19世紀時則是轉變為另一種型態（며느리）[7]。最初，媳婦（며느리）被認為是며늘與接尾詞이的結合，但尚未闡明核心詞彙며늘的意義。雖然「媳婦」一詞的語源究竟為何仍存在爭議，但目前仍無法明確得知其含義[8]。

以漢字的「媳婦」來看，對於「婦」的解釋就比較具體。基本上，即是將手中拿著掃「帚」打掃家裡的「女」子形象化的字[9]。不過，這個字不僅限用於指稱媳婦的意思，也可以用來表示妻子或女子。在韓文中會以「姑婦」來稱呼婆媳，「夫婦」則是用來指稱丈夫與妻子，以及稱呼女子或成熟女子為「婦女」。「婦」比較傾向是用來稱呼女人在家中地位的字詞之一，而非專指媳婦。

親屬稱謂用語在一個社會的發展脈絡，並不是純粹的巧合。稱呼親屬的稱謂，反映

了整個社會文化。社會語言學者會透過親屬稱謂用語，分析該社會的家庭關係。韓國的親屬稱謂用語，尤其凸顯了妻子與丈夫的不對稱性。以韓文稱呼丈夫父母與妻子父母時，使用的分別是「媤父母（시부모）」與「丈人、丈母（장인、장모）」；但在同為東亞文化圈的日本，卻是使用相同稱謂稱呼丈夫父母與妻子父母。在韓國，直接稱呼對方父母時，有別於大部分的丈夫會使用「岳父」、「丈母娘」稱呼妻子父母，妻子卻是以「爸爸」、「媽媽」稱呼公婆。相較之下，日本的夫妻則是使用相同稱謂稱呼對方父母[10]。

「媳婦」，同樣也是不對稱的親屬稱謂用語。男方父母以「媳婦」稱呼孩子的配偶，女方父母則是以「女婿」稱呼孩子的配偶。然而，這似乎不單純僅是基於性別的不同而將其區分為「媳婦」與「女婿」。就非得發展成兩個不同詞彙的社會文化脈絡來看，可以推測出這樣的區分不單只是考量性別，同時更包含了各自在家中的角色差異。

在韓國學中央研究院發行的《韓國民族文化大百科辭典》中，是如此解釋「媳婦」的傳統意義：

媳婦的第一項本分是必須孝順公婆，以及維持家庭和睦。為此，必須放下對丈夫的嫉妒，並且愛惜與伺候遠親、近親。第二項本分，誠心誠意處理祭祀事宜與接待客人。……第三項本分，日以繼夜地勤奮縫紉、紡織、養蠶、準備飲食，並且過著勤儉節約的生活。11

媳婦必須承擔的角色任務，感覺就像在看某公司的工作分配表一樣。「媳婦」不單純是用來指稱兒子妻子的家中親屬關係稱謂，而是讓人知道這是打從一開始就被賦予負責工作的家中「職位」。除此之外，這個角色可是一點也不簡單。媳婦的角色必須孝順公婆、維持家庭和睦、愛惜與伺候親戚、處理家族祭祀、誠心接待客人、努力投入家事勞動、勤儉節約過生活等，需要高超的能力滿足家庭內外的所有人，以及預防與解決衝突，並且在負責處理家族活動的同時節省開銷。

如果是需要負擔這種程度的業務範圍與程度的角色，在一間公司裡能擁有什麼樣的地位？既然需要管理員工、接待客人，又得管理預算、負責活動，應該已經是公家機關或民營機構的事務次長等級，或是私人企業的總經理；換作是在小型公司，擔任這些工作的角色基本上就是老闆，或至少也是個執行長了。

或許真的是因為媳婦在家中擔任舉足輕重的角色，所以只要看一看那些與媳婦有關的民間故事，便能發現不少關於媳婦如何決定整個家族興衰的情節。被認為是取材自媳婦的代表性故事「破壞風水寶地的媳婦」便是如此。儘管這個故事是透過口耳相傳流傳下來，難免會因為不同地區而在情節上產生些許差異，但大致上的內容是這樣的——

有戶位在大路旁的富貴人家，上門拜訪的人絡繹不絕，所以這戶人家的媳婦必須不停地招呼訪客。某天，這名媳婦對著前來化緣的僧侶大吐苦水，抱怨自己需要處理的事情實在太麻煩、快要撐不下去。於是，僧侶表示自己有解決方法，便教她鬪一塊田擋住溪水。按照僧侶教的方法做的媳婦，就這樣破壞了風水寶地，最後導致家道中落[12]。

這個民間故事的重點在於，一旦媳婦開始埋怨工作有多辛苦、不想招呼客人，就會禍及包括自己在內的整個家族。除了訓誡世人「當媳婦的人，必須抱持著再辛苦也得乖乖伺候客人的態度」，也蘊藏著「讓這種類型的媳婦進門才能為整個家族帶來福氣」的含義。正如因為媳婦毀了全家的故事般，同樣也有很多關於如何靠賢慧、勤儉的媳婦振興家族的故事。

既然媳婦足以左右整個家族興亡盛衰，那麼媳婦的能力顯然就是挑選時的重要關鍵。朴賢淑在比較了「挑女婿」與「挑媳婦」的民間故事後，分析出社會對於「好女婿」與「好媳婦」的認知存在哪些差異[13]。雖然同樣抱持著子女能與好對象結婚的期望，但從故事裡可以得知判斷資質、品性的標準截然不同。

兩則民間故事都是始於由父親擔任評審，舉行了一場為子女挑選另一半的公開招親活動，但選拔標準卻完全不一樣。在挑選女婿的故事裡，設定的挑戰項目是「成功說三個謊」。由於身為評審的父親總是認定參賽者「沒有說謊」，因此接二連三地淘汰了不少人。直到某位參賽者說出「我是來討回借給你們祖先的錢」後，才不得不承認對方成功說謊，並將其納為女婿。

至於挑選媳婦的故事，設定的挑戰項目就稍微沉重與實際了。參賽者必須完成的項目是：「用三斗米養活一家三口三個月」。在這段故事中，一名參賽者將米製作成大量的米飯與年糕後，吩咐男僕外出伐木，自己與女僕則負責織布、摘野菜拿到市場販售，順利讓家產增值，也因此成功被選為媳婦。這項挑戰項目的期限在不同故事裡有些許差異，據說最長的版本是一年[14]。

用綜藝節目來比喻的話，「挑女婿」比較類似一次性的爆發力測試，「挑媳婦」則像是長期抗戰的生存實境秀。在民間故事裡，相較於發揮機智會被視為好女婿人選，好媳婦人選卻是必須具備在惡劣環境中存活的生活能力，以及聰慧、領導能力、生意頭腦等多面向的才能。

因此，僅將「媳婦」定義為「兒子的妻子」，似乎連一半的意義都表達不到。就傳統上的意義而言，媳婦並不單純是兒子的妻子，而是指在整個家庭中，被賦予特殊使命的職位。如果暫時撇開媳婦在家中的實際地位，單就她們被期望承擔的角色來看的話，迎接媳婦入門等同於聘請專業經理人般的大事。

媳婦是女性的原因

自古以來，無論在東方或西方世界，組織家庭的原理都是以男性為主軸的父權制。父權制，在字典裡的定義是：「父權對家庭行使支配權的家庭型態，或指稱此種支配型態。」[15] 這裡出現的「支配」一詞，以現今的語感來說，聽起來可能會比較強烈。不過，只要考慮到家庭最初是由家父建立的絕對統治結構，便能理解這種說法。

在英文中，指稱家庭的family，其語源來自拉丁語的，意味的是「屬於家父的所有物」[16]。中世紀時，familia包含了妻子與子女、奴隸。由於家父（paterfamilias）無法成為自己的所有物，所以不屬於家庭（familia）。因此，當時的「家庭」並非今時今日意指的共同體單位。占當時人口多數的窮人或奴隸，不會將一起生活的人稱為家人。「家庭」一詞的起源，即是用作指稱受上流階級支配的所有物。

韓國的儒教父權制，在同樣是以男性為中心的支配結構這點，與羅馬時代的父權制一樣。朝鮮王朝後期，隨著儒教觀念的扎根，女性與子女無法擁有作為獨立人格的權利，而是成為一家之主的附屬，必須絕對服從[17]。然而，韓國的父權制與西方國家的父權制卻不能說是完全相同。儒教父權制所建立的階級顯然更廣、更長遠、更緊密。畢竟包括現代的大家庭在內，這種關係是從很久以前去世的祖先開始，一直延續到尚未到來的後代。

儒教家庭是建立在超越世俗家庭體制的宗教觀念之上。基於對祖先的崇拜，追求家族的永續性[18]。源於這種思想的韓國儒教父權制，依循父系血統按照與男性的關係、性別、出生順序等，詳細整理出所有家庭成員。其實，在解釋這種家庭關係時，規定服從階級制度是種義務的「秩序」，比具有相互意義的「關係」來得更適合。因此，家庭成員們先瞭解誰在自己之上、誰在自己之下是基本，同時也得學習複雜的親屬稱謂、敬語與半語——為的是遵守做人的道理與禮儀（註：韓文分為敬語與半語，半語多用於同輩或較自己年幼的人；有時亦有蔑視之意）。

站在家族的立場來看，媳婦代表的意義顯然更是清晰。如果是以前文提及「為人媳婦的道理」就像是工作分配這點，可以得知婚姻實質上對女性來說，比較接近承擔「媳婦」這項職責，而無關個人幸福或愛情。更準確的說法是，或許從來就不是因為是兒子的妻子才變成媳婦，而是為人媳婦得身兼兒子妻子一角。媳婦這個角色的存在，對於以公公為首的家族來說十分重要，所以公婆對於選擇媳婦的干預程度至少會與兒子相同，甚至更高。

事實上，韓國的婚姻從很久以前就是根據父母之命，而不是由當事人決定。在朝鮮王朝，被稱為「定婚」的結婚是經過父母或祖父母等主婚者協商後成婚[19]。定婚者不得與定婚對象以外的人成婚，一旦定婚者與定婚對象以外的人成婚，連主婚者也會一併受罰。一般來說會在年幼時期便完成定婚，也因為子女沒辦法違逆父母的意思與他人成婚，所以當事人的意志為何根本毫無意義。

父母對於婚姻的影響力，直到朝鮮王朝以後也依然持續。日帝強占期時，據說是遵循朝鮮的習俗，要求婚姻需經由父母同意，而這也延續至解放後制定的《民法》[20]。雖然過去是不分年齡皆需要父母的同意，但在1958年制定的《民法》第808條第1項：「男子未滿27歲、女子未滿23歲者需取得父母同意始能締結婚姻關係，若父母其中一方無法行使同意權時，也必須取得另一方之同意」加入了關於年齡的限制；該規定後來經過修正，要求未成年人必須徵得父母同意，並於1979年1月生效[21]。

中世紀時期的西方國家同樣相當重視父母的權威，也因此引發了「婚姻條件是否需要父母同意」的爭論。不過，當時占主導地位的天主教，始終與儒教抱持截然不同的立場。在16世紀中期的特利騰大公會議（Concilium Tridentinum）展開一場激烈辯論後，天主教教會沒有採納父母的同意是婚姻必要條件的說法，而是堅守重視個人自由意志的教義[22]。威廉・莎士比亞（William Shakespeare）的戲劇作品《羅密歐與茱麗葉》，即是以特利騰大公會議召開前的義大利作為背景的故事，藉此體現出當時父母控制子女婚姻的強烈欲望與壓迫[23]。

另一方面，隨著宗教改革而興起的新教，則提出了至少未成年人結婚必須取得父母同意的論點，在人文主義者與天主教改革者間，加強父母對於婚姻的權威之主張也漸趨盛行[24]。此外，國家開始將婚姻從教會的權力中分離出來，並直接進行統治。法國於1556年頒布國王詔令，下令將成年年齡提升為女性25歲、男性30歲，並且要求未成年人結婚必須取得父母同意[25]。父母對於影響子女婚姻的欲望，超越了宗教教義。這是打從一開始就以家族而非個人為中心的韓國儒教教義中，從來沒有出現過的衝突。

從歷史上以男性為中心建構了父權制，且女性在父權制之下是無法行使獨立權利的所有物這點來看，韓國的歷程與西方國家並無不同。無論是西方國家或韓國，置身於父權制內的女性都是在隸屬的狀態下被要求順從。然而，在韓國的父權制中，已婚女性的地位不僅限於受丈夫支配的妻子，同時也是受公婆支配的媳婦。即便不可能單純地比較隨著時代與地區產生多樣變化的家庭關係，卻也不容忽視「媳婦」的地位在韓國父權制裡的獨特性。

如同前文所提及，「媳婦」這個角色事關重大。可是，同時又存在著地位低下的矛盾。雖然媳婦的地位取決於丈夫在家中的地位，其地位卻不同於丈夫。舉例來說，媳婦不能以對待弟弟或妹妹的方式對待丈夫的弟弟或妹妹。即便丈夫的弟弟或妹妹比自己年幼，也得表現得畢恭畢敬；這也是為什麼「少爺／公子」、「小姐」（註：韓國用來稱呼小叔、小姑的稱謂）的尊稱會在今時今日演變成為問題。反之，丈夫卻沒有被要求必須對妻子的弟弟或妹妹予以同等程度的尊稱，明顯地呈現出不對稱的位階。等到少爺（即小叔）結婚後，身為女性的媳婦們也會論資排輩，但她們的位階順位卻不同於身為男性的女婿，也就是小姐（即小姑）的配偶。

這一切按照性別決定的家庭秩序，與「自然」相距甚遠。這是人為地將人安排進入精心策劃的框架之中，不能稱為是忠於人性創造的秩序。從根本上來說，為什麼必須以男性為主發展家庭制度？哈拉瑞（Yuval Noah Harari）於其著作《人類大歷史（*Sapiens*）》中，對於出現在全世界的這個現象，表示「目前仍沒有明確的答案」[26]。就社會適應能力並非取決於身體條件這點來看，男性的力氣較大或較具攻擊性其實更像神話，而非經驗證據[27]。

同理，也沒有任何合適的說法能解釋為什麼女性必須處於服從的地位。儒教說的

「男尊女卑」並不是事實，而是教義之一——藉由「男為天，女為地」這句話，形容男性崇高，而女性低下的所謂「自然定律」[28]。因此，女性必須遵從男性，嚴守道德規範「在家從父、出嫁從夫、夫死從子」的三從之道[29]。如今，在人人平等的時代，這種規範早已不再是支配人們生活的原則。

既然如此，實在無從得知媳婦非得是女性的原因。現代社會追求的平等，拒絕以性別為由決定地位；即使是家中地位，也是如此。為求凸顯與一般社會制度的不同，轉而將家庭定義為「自然」，似乎顯得傳統的家庭制度太過刻意了。雖然可以說「因為習慣而變成『自然』」，但因此將其變成「自然定律」或「常理」的根據卻未免薄弱。與其哀嘆著「媳婦怎麼可以是男人？」倒不如先問一問「為什麼媳婦非得是女人？」

為了追求平等的解體

18世紀末，隨著批判社會要求女性生活必須成為家庭從屬，而出現的女權主義早期著作表達了強烈的主張。瑪麗．沃斯通克拉夫特（Mary Wollstonecraft）於1792年出版的著作《為女權辯護：關於政治及道德問題的批判（*A Vindication of the Rights of Woman*）》，批判以「美德」為名的從屬機制。作者批評頌讚女性溫柔與順從的社會條件是「對女性的奴役，踐踏她們的智慧，使她們的感官變得敏感」[30]。更有人指出，使人類從屬的不只是物理學上的力量，同時也隱藏於美化順從使其成為女性價值的社會規範之中。

彌爾（John Stuart Mill）在1869年出版的著作《婦女的屈從地位（*The Subjection of Women*）》中，直言不諱地表示「事實上，說婚姻制度是我們整個法律體系中唯一的奴隸制也不為過」[31]，但他認為強加在女性身上的「枷鎖性質不一樣」。作者表示這一切是以「支配靈魂」的方式在運作，期望女性「自願為奴」，而不是「被迫成為奴隸」[32]。藉由讓人們認為溫和、順從是種美德，進而自主從屬於他人的生活。

從當時的宗教、道德觀點，很難接受諸如此類將家中女性的處境比喻為奴隸的批評。站在西方的基督教傳統而言，聖經經文提到的「你們作妻子的，當順服自己的丈夫，如同順服主」（《以弗所書》5：22），被認為是家庭秩序的基礎。由於對於家庭制度的挑戰會被視作是在反抗宗教、道德的義務，讓事態變得難上加難。因此，彌爾認為必須從基督教精神引出變革的根據。他主張允許彼此享有同等權利的「正義法則」，也是基督教的法則，而非由強者支配弱者的「力量法則」，與既有的道德準則抗衡，提倡建立平等的家庭關係[33]。

韓國的儒教父權制，同樣是透過宗教與道德的觀念合理化女性的從屬。社會學家張慶燮認為，隨著儒教家庭文化延續至近代，並且變得普及後，「透過婚姻制度，女性在某種程度上，是以類似奴婢的存在被『交換』至父權制的家庭之中」[34]。「類似奴婢」的形容方式聽起來或許有些殘酷，但置身於儒教父權制內的女性，的確是經由婚姻被要求無止境的勞動。身為妻子兼媳婦的女性，基於「道理」與「禮節」，接受順應階級與服從的義務，並且將生下兒子、成為婆婆的過程視為理所當然，本身也成為延續儒教家庭文化的一分子。

然而，卻不能因為女性是從屬的地位，而認為這個角色是被動的。傳統上，妻子兼媳婦被要求具備高超的應對能力與判斷能力，背負著即使身處困境，也能展現管理能力與經濟頭腦領導、團結、照顧整個家庭，進而使家人們有辦法生存下來的期望。這個位置相當矛盾——被要求發揮主導性，卻位居從屬。諸如此類的矛盾，同樣出現在男性角色身上。男性被期待的角色是能夠在社會上出人頭地，一旦無法達成這件事，在家中的權威便僅流於形式；表面上擁有權力，在實際生活中卻是無力的被動狀態。

即使在如此重疊與衝突的矛盾之中，隨著時間推移而產生變化，儒教父權制卻始終屹立不搖。以父系為中心的家庭制度，隨著於日帝強占期移植了日本的「家制度」後，立法成為「戶主制」；戶主制則是直到2005年，才由憲法法院判決不符合《憲法》而被廢除[35]。戶主制是以男性為主安排家庭成員從屬的家庭制度，例如按照兒子－女兒（未婚）－妻－母－媳婦，決定戶主繼承的順序等，即是不符合《憲法》要求的平等家庭關係。由於實際將戶主制引入韓國的日本，早已在1947年廢除這項制度，因此根據記載，韓國的戶主制直到被廢除前，有很長時間都是全世界唯一的家庭制度[36]。

時至今日，韓國社會的家庭改變了多少？如果與過去相比，無論在制度上或文化上，顯然都出現了不少變化。可是，卻依然存在將婚姻視作雙方家庭的結合、藉由婚姻表達對父母盡孝的觀念。逢年過節時，依然是引爆家庭衝突的導火線。無論是作家修申智的網路漫畫《身為媳婦，我想說——》（韓國2017年出版），或是導演宣浩彬的紀錄片《B級媳婦》（2018）等作品，皆對媳婦背負的期望提出批判，並在媳婦反抗後成功得到迴響。圍繞著傳統家庭秩序的緊張局勢，正在各處展開激烈衝突。

對於媳婦的期望，在新住民家庭裡表現得更加赤裸。根據關於新住民家庭的研究顯示，婆婆會對作為移民女性的媳婦表達不滿。然而，不滿的原因主要是媳婦無法達成「無怨無悔地勤勞工作，並且勤儉持家、照顧丈夫與子女」的期望[37]。斥責與訓誡，始於認為順從、恭敬、節儉、勤奮是媳婦美德的觀點。一直以來千辛萬苦想要擺脫的儒教父權制秩序，現在又冠以「韓國禮節」之名，重新加諸於移民女性身上。

對於夫妻親屬的稱謂不對稱性，近來正在韓國社會掀起了批判與省思的聲浪。根據2017年國立國語院公布的調查結果顯示，認為應該修改稱呼配偶的弟弟／妹妹為「少爺／小姐」與「小舅子／小姨子」的答案占全體受訪者的65．8％。雖然相較於女性受訪者（75．3％），男性受訪者（56．5％）對於修改必要性有同感的比例較低，卻也已經超過全體男女受訪者的半數。受訪者主要傾向改為「直接稱呼配偶弟弟／妹妹姓名」的方式[38]。

在這樣的社會氛圍之下，國立國語院於2019年發行了「新語言禮節綱領」的《我們該怎麼稱呼？》。有別於2011年發行的《標準語言禮節》提出傳統的親屬稱謂存在「標準」，現在則主張可以擺脫規範的框架，改以在尊重對方的前提之下，選擇使用其他表達方式[39]。由此，可以感受到親屬稱謂正在出現些許變化，但同時也很難期待改變的速度會很快。正如在《身為媳婦，我想說——》出現過的場景，家中總有人會嚴厲斥責「怎麼叫老公的弟弟和妹妹具榮、美瑛呢？應該叫少爺、小姐才對啊！」而捍衛著這種階級規範的社會氛圍依然存在。

與此同時，那句哀嘆的口號「媳婦怎麼可以是男人？同性戀像話嗎？」仍不絕於耳。以歷史上象徵在家庭制度內受到性別歧視與壓迫的「媳婦」作為「反對同性戀」的原因，意味深長地凸顯了韓國社會停滯不前之處。兩個看似毫無關聯的詞彙，卻被相同問題連結在一起：家庭制度的僵化。此外，更有另一個與這個口號絕妙搭配的問句——「女人女婿？」男人媳婦或女人女婿的出現，究竟會發生什麼事？

全世界目前已有荷蘭、南非共和國、巴西、美國、澳洲、臺灣等34個國家承認同性婚姻（以2023年5月為準），因此這早已不像是「如果有時光機的話……」之類的假設性問題[40]。問題在於，事實上很難找到國外任何關於因同性婚姻產生媳婦或女婿關係的研究。在將結婚視為雙方當事人結合的國家，媳婦或女婿的地位既沒有差異，也不預期媳婦與公婆間存在什麼特殊關係。即便有可能出現因無法接受子女的婚姻而產生衝突或隔閡，卻不會顧慮是否能要求男人扮演媳婦的角色，或是該不該將女人當作「百年客人」款待（註：在韓國傳統文化中，將女婿稱為「百年客人」，意指女婿的地位重要，必須受到如同貴客般的恭敬對待）。

「媳婦怎麼可以是男人」這個口號反而間接地提醒了我們，如果這個社會想要追求平等，必須對抗與破除的家庭秩序迄今依然根深蒂固地存在。倘若聽見這個口號時，內心會湧現對性少數族群的不舒服情緒，不妨先針對「媳婦必須是女人，女婿必須是男人」的觀點提出質疑。為什麼不能由男人擔任媳婦的角色？女婿是女人的話，問題又是什麼？原因是出在對媳婦與女婿的角色抱持不同期待嗎？反對不符自己期望的媳婦或女婿的權力從何而來？我們認知裡的家庭，是非得守護與保存不可的不變價值嗎？

第2章 結婚與生育的絕對公式

同性婚姻與低生育率的關聯性

全國上下都在擔憂低生育率的問題。根據韓國統計廳公布的2022年總生育率為0.78人[1]。雖然韓國的總生育率已經連續幾年都在OECD成員國之中墊底，但連1人都達不到的數字絕對是獨一無二[2]。只要總生育率未達1.3人，即屬於「低生育率」，不過這種標準卻是毫無意義。不少人嚷嚷著「人口正在消失，國家要滅亡了」。韓國明明是從2002年開始進入低生育率，既然至今已經經過了20年，顯然其間採取的對策並沒有發揮任何效果。事到如今，甚至該思考一下是不是該坦然接受無法避免的命運了。

「現在都什麼時候了，還提同性婚姻？」有些人為此感到相當震驚，不解在國家已經為了低生育率陷入危急之際提出同性婚姻的意義何在。這些人認為一旦同性婚姻被承認，人口減少的幅度只會變得愈大，因此這不是現在該探討的議題。在2018年的首爾市長候選人辯論會上，也出現了類似的話題。當某位候選人主張應該採用認證伴侶關係的制度時，另一位候選人隨即反駁對方是不是打算提出「認證」同性戀的制度，並且表示「同性戀一旦被認證（承認）的話……我倒是很好奇生育率的問題又該怎麼辦？」[3]

然而，同性婚姻與生育率存在什麼關聯性？以生物學的角度來說，無法懷孕與生育的同性伴侶結婚，乍看之下似乎會讓生育率變得更低。可是，只要仔細想一想便會發現有些奇怪。同性伴侶不可能生育，並不是因為婚姻合法化才新發生的事。現在只是沒有婚姻制度而已，但同性伴侶依然存在。除非強迫同性戀者與異性結婚生孩子，否則實在無法解釋為什麼同性婚姻的法制化會造成生育率變得更低。

再加上，嚴格來說，以現代醫學的發展程度，其實同性伴侶也可以生育。證實不孕的夫妻可以透過第三者捐贈的精子或卵子懷孕，並且生下孩子；這是政府應對低生育率的措施之一，所以甚至還會補助手術費用。就像無法懷孕與生育的異性伴侶一樣，只要採取相同方法，同性伴侶或不婚的單身者也可以生育下一代。只是，國家卻只補助「已婚」夫妻[4]。既然如此，假如能讓同性伴侶結婚，並且獲得國家補助的話，說不定反而還有可能提高生育率。

儘管如此，卻始終沒辦法欣然贊成同性婚姻；甚至也有人認為，同性婚姻破壞了家庭的神聖，所以才會導致生育率下降。不過，只要細想過這項主張，同樣也會發現奇怪之處。同性伴侶結婚並不會造成異性伴侶無法結婚，那麼究竟破壞了什麼？同性伴侶結婚想必也不是構成異性伴侶突然無法生育的緣故。但我認為其中必然存在什麼原因，才讓反對同性婚姻與生育率產生關聯。這個原因是什麼？

仔細想想，結婚確實是件奧妙的事。畢竟能讓人願意不惜花費大筆金錢舉辦盛大的儀式，其意義之重大堪稱是人生最重要的事。相較於風光熱鬧的婚禮，實際在法律上的登記手續倒顯得有些寒酸。只要簡單的書面申請文件，兩個人便能正式建立合法的夫妻關係。此時，無論是華麗的婚禮或簡單的登記文件，皆不曾出現任何詢問關於生育計畫、生育能力的程序或項目。然而，當人們從旁靜觀著神聖婚禮的同時，內心卻默默抱持期盼——男女結婚，即是生育成家。

長久以來，大家的觀念都認為婚姻當然包含生育。這件事可不只發生在古代。直到今時今日，人們只要一提起誰結了婚，自然就會對「孩子」滿懷期待地問道：「什麼時候要生小孩？」並且反問不打算生孩子的夫妻：「不生小孩，幹嘛結婚？」因此，同性婚姻才會聽起來很荒謬。無法生育的同性伴侶要結婚？那麼婚姻就不再是婚姻了。如果想要守護婚姻是生育基礎的理想，便不能承認同性婚姻，婚姻是生育基礎這點，同時也蘊含了在婚姻之外的生育不被允許的意義。即使人們認為生孩子是好事，卻也總說「先結婚才能生孩子」。在大家的想法裡，未婚生育是錯事，萬一「先」有孩子，也得趕快結婚才行。因此，未婚生育與同性婚姻變成了相同的問題。有人對這種「轉變」提出嚴重警告——世界末日的預言宣稱，一旦作為生育基礎的婚姻瓦解，「社會災難」就會降臨。

儘管同性婚姻與低生育率怎麼看都沒什麼關聯，卻能清楚看出反對同性婚姻的人想要守護的東西——婚姻必須是生育的基礎。換句話說，婚姻與生育的關係必須是充分必要條件的嚴格公式。結婚就必須生育，不結婚就不可以生育。可是，大家是否思考過，為什麼婚姻與生育一定得是充分必要條件？如果打破這道公式，真的會有「社會災難」降臨嗎？

「合法」生育與「非法」生育

實際上在韓國，一般情況下不會有婚外生育。根據OECD的報告，以2020年為準，韓國的婚外生育率是2．5%，比起2002年的1．4%微幅上升。相較之下，智利與墨西哥等國的婚外生育率則超過70%，冰島與法國為60+%，挪威與瑞典、荷蘭等國為50+%。OECD成員國的平均為41．9%，與韓國相近的國家則是日本（2．4%）。如同總生育率，韓國的婚外生育率在OECD成員國之中明顯偏低[5]。

從某種層面來看，這個現實相當矛盾。正如開頭提過的，韓國自從2002年以來，便持續處於低生育率的狀態。即使低生育率與人口危機已經被討論了超過20年，人們卻似乎沒有因此無條件地歡迎所有生命的誕生。假如真的憂慮人口減少的問題，應該無論養育者結婚與否，優先重視人口的增加，但實際上卻非如此。「非婚」生育，在韓國至今依然感覺像是不該存在的禁忌劇情。

諷刺的是，在韓國最有名的名字正是在婚外誕生，所謂的「非婚生子女」。時常出現在公家機關文件填寫範例的那個名字：「洪吉童」。試著回想一下以朝鮮王朝為背景的小說作品《洪吉童傳》。主角洪吉童是世宗在位時期，出生在吏曹判書家的貴族兒子。然而，由於母親春蟾是侍婢，也就是負責服侍貴族的婢女，所以洪吉童的身分便成了庶子。因此，推動故事發展的矛盾就從這裡開始。

讓我們來讀一讀小說中眾所皆知的著名橋段，也一起回答以下兩個試題。

「小人繼承大人的英氣生為堂堂男子漢，世上再沒什麼比這件事更令人振奮了。然而，這輩子最可悲的，就是不能稱呼自己的父親一聲『爹』，也不能稱呼兄長為『哥』。上上下下的僕人全都看不起我，連親戚朋友也指指點點說著我不知道是哪來的賤生。天下哪有這麼委屈的事啊？」[6]

（註：朝鮮王朝時期規定子女需繼承母親的社會階級，即使賤民成為貴族的妾室，所生育之子女仍為賤民。）

試題一：如果洪吉童不能稱呼自己的父親為「爹」，那應該怎麼稱呼？提示就在上一段文字裡。他必須稱呼父親為「大人」。

既然洪吉童稱呼自己的父親為「大人」，他勢必感覺自己更像是在伺候主人，而不是兒子的身分。不能稱呼兄長為「哥」，又該怎麼辦呢？當時的庶子，必須將正室之子（即嫡子）視作上位者服侍。坐下時，必須退至嫡子之後的位置；即便庶子的年齡較大，亦是如此[7]。連同個父親所生的孩子，平常在家中都得遭受差別待遇了，不難猜到像洪吉童一樣的庶子該有多麼絕望。

試題二：洪吉童為什麼會變成「庶子」？原因很簡單，因為他的母親春蟾與父親沒有結婚。既然如此，春蟾又為什麼不結婚呢？聽起來可能有些荒謬，但原因正是洪吉童的父親已經有妻子了。

其實，這個顯而易見的答案，即是呈現當時制度的重要線索。在朝鮮王朝時代，男性只能與一名女性結婚，也就是採行一夫一妻制。同時，亦存在將沒有結婚的其他女性納為妾室，並生活在同個屋簷下的蓄妾制。從某種層面來說，一夫多妻制才是實際實行的制度，但隨著形式上提倡的是一夫一妻制，也因此出現了非婚生育的庶子。

一夫多妻制是在朝鮮王朝時代以前盛行，納妾的情況也不在少數。直到朝鮮太宗13年（1413年），才立法禁止重婚[8]，不過依然保留著蓄妾制。雖然一名男性與數名女性生兒育女的生活方式與過去沒有不同，但此時的男性只能擁有一名「妻」，其他則必須被歸類為「妾」。生下的孩子，其地位也需分門別類。因此，才會出現嫡子與庶子的身分區別。嚴格劃分的話，妾生下的孩子是庶子，而賤妾（即賤民出身的妾）生下的孩子則是孽子，統稱為庶子或庶孽[9]。

即便妻室只有一名，卻可以擁有數名妾室，所以庶孽的數量自然也不少。高麗大學歷史教育系教授權乃鉉，經由朝鮮王朝後期在慶尚道某地區形成聚落的安東權氏族譜與戶籍，確認了後代子孫們的身分。根據研究結果顯示，在安東權氏的第18至29世孫中，於共計450名的已婚男性成員間，庶子占28%。除了孽子的情況較難透過族譜或戶籍掌握，庶子也存在遺漏的可能性，由此推估實際上的庶孽數量應該更多[10]。由於庶孽的子孫會一代接著一代繼承庶孽的身分，其規模自然也會隨著時間推移變得愈來愈龐大。於是，推測庶孽數量到了18、19世紀時已經超過嫡子數量[11]。

這麼多人從出生的那一刻起便飽受委屈。不僅在家中的歧視情況不斷，甚至還有禁止庶孽出仕的《庶孽禁錮法》。因此，對社會不滿的情緒高漲的他們，夢想洪吉童的硉島國（註：反抗嫡庶差別制度的洪吉童，最後在硉島國建立理想的新國家，成為優秀的君主）確實合情合理吧？其實，當時出身庶孽的族群也曾採取集體行動對抗歧視。如同今時今日的國民請願，9996名儒生曾於1823年（純祖23年）進呈萬人疏[12]。稍早些的17世紀，生活在北韓江邊的的7名庶孽組成了「江邊七友」，聚集在驪州行竊，並且宣稱「我們不是竊賊，只為圖謀將來的大事」[13]。可謂是《洪吉童傳》的真實版。

非婚生子女的悲哀持續到了近現代史。「私生兒」這個用語，即是出現在日帝強占期。根據當時的《朝鮮戶籍令》，唯有由「合法」結婚的夫妻所生育的孩子，才是被正式承認的子女，又稱「嫡出子」。或許有人會疑惑「結婚不是理應合法登記嗎？」但其實這件事並不是打從一開始就是如此。以前只要符合夫妻生活的事實就夠了（事實婚主義），但從日帝強占期起，婚姻則必須依循法律程序才予以承認（法律婚主義）。隨著法律婚主義的採行，在未經婚姻登記的狀態下出生的孩子（沒有合法承認），也就是私下生產的孩子，便是「私生兒」[14]。

光復後的情況又是如何呢？1958年，韓國制定了《民法》。「庶子」、「私生兒」等用語也隨之消失，取而代之的是區分「婚生子女」與「非婚生子女」的概念，歧視依然存在。在韓國仍維持著始於日帝強占期的戶主制期間，婚生子女的繼承順位優於非婚生子女[15]。隨著戶主制於2005年遭到廢除後，這項條款也一起消失了。根據現行的《民法》，婚生子女並不會較非婚生子女受到其他特別優待。不過，其中卻有一項重要的差異。非婚生子女必須被合法承認為父親的子女，才能擁有子女的地位。

直到現在，非婚生子女出生時，依然會被推定為「父不詳的孩子」。在母親方面，母子關係只要憑生產的事實便成立，且同時伴隨養育的權利與義務。相反地，父親則需要另外經由法律程序進行「認知」。唯有父親在法律上「認知」非婚生子女，才會產生為人父者的權利與義務。假如生父不願主動認知，子女則需透過訴訟要求生父認知。只要不進行「認知」，即使是生父亦不具任何權利或義務[16]。

在西方國家的歷史上，婚生子女與非婚生子女一樣有無法得到同等待遇的情況。在英美法系中，非婚生子女的法律用語是illegitimate或bastard[17]。illegitimate（非法）的反義詞是legitimate（合法），意即開門見山地表達該出生的不合法。雖然「bastard」是用來指稱非婚生子女的法律用語，但現在也被當作髒話使用。韓國不也會在侮辱人時，使用「孽種（野種）」之類的髒話嗎[18]？明明是婚姻這個制度將人分為合法與非法，但人們卻在某個時刻，開始相信出生的人本身就是非法的存在。

結婚，到底是為了什麼？

彼得．史丹利（Peter Stanley）與瓊．史丹利（Joan Stanley），是一對生活在美國伊利諾州的夫妻。在法律上沒有婚姻關係的兩人，以同居的狀態生活，並且擁有三名子女。某天，瓊離開人世，突然留下了彼得與三名子女，儘管彼得打算繼續扶養三名子女，卻沒辦法這麼做。原因在於，伊利諾州政府拿走了子女的扶養權。一直以來扶養子女的生父明明還活著，為什麼政府可以拿走子女的扶養權？

彼得．史丹利的故事背景是1970年代。根據當時的伊利諾州法律，三名子女是沒有父親的孩子。由於彼得與瓊在法律上不具婚姻關係，因此彼得不被承認是瓊所生子女的合法父親。就法律而言，彼得是與子女們毫無關係的人。此外，即使政府方面知道彼得是生父的事實，態度依然不友善，反而認定沒有結婚的父親是不適合的養育者。因此，在沒有任何審查彼得實際是否為適任養育者的程序下，便奪走了彼得的扶養機會。

1970年代距今並非太久遠。即使在美國，非婚生子女的權利也同樣花了很長時間才被承認。如果把時間再往前推一些，英美法系甚至主張非婚生子女不屬於任何人的孩子，所以無論是父親或母親之中的任何一方，都沒人需要對孩子負責任。後來，母親的扶養責任先得到承認。以美國為例，直到19世紀修法後，非婚生子女才得以從母親身上取得扶養與繼承的權利[19]。在美國，未婚父親的權利與義務必須等到更久之後才被承認。彼得．史丹利案是相當重要的分水嶺。

美國聯邦最高法院於1972年史丹利訴伊利諾州案（Stanley v. Illinois）的判決中，做出的結論是「以未婚父親無法成為好的養育者為前提，不提供正常聽證機會的歧視並不合理」[20]。後來，在1973年戈梅茲訴佩雷茲案（Gomez v. Perez）的判決中，確立了兒童不得在養育上因非婚生子女身分之緣故受到歧視。根據當時的德克薩斯州法律，婚生子女擁有取得父親扶養的權利，因此可以要求扶養。相反地，非婚生子女則不具有這項權利。為此，聯邦最高法院譴責政府因父母未婚而剝奪兒童基本權利是「不合邏輯且不正當」[21]。

有些人聽到這個故事時，或許會認為無論結婚與否，生父對孩子負責本來就是理所當然的事。然而，有些人卻將這樣的判決視作摧毀神聖家庭的危險訊號。假設擔心的是這件事——如果父母不結婚，生下的孩子也能和其他人享有相同待遇，那麼大家還願意像現在這樣遵循「先結婚，後生育」的秩序嗎？遺憾的是，唯有不利於非婚生子女，「婚姻」這個制度才能具有特殊意義，所以結論是：歧視無可避免。可是，不覺得疑惑嗎？這個秩序，到底是為了什麼？

如果沒辦法馬上想到必須守護「先結婚，後生育」才是合法生育的原因，我們不妨試著比較與思考一下其他類似的制度。如同大家所知，所有駕駛者都必須先取得由國家核發的駕照，而無照駕駛即是犯法行為。這種駕照制度存在的目的相當明顯——要求提前認證駕駛能力，確保道路交通安全。婚姻制度也與駕照制度相同嗎？多數人長久以來堅信，婚姻是為了保障生產與養育子女的前提條件。

然而，結婚與像是駕照之類的資格間的關聯性很弱。駕照與駕駛存在直接關係，藉由駕照，可以確認駕駛者是否具備安全駕駛車輛的能力，以及實際執行駕駛這項行為。結婚與生育的關係卻非如此。婚姻，是使互為配偶的雙方間的權利、義務關係成立之法律行為。至於懷孕、生產，則是由與此完全不同的性與生理歷程達成。結婚並不是為了確認懷孕、生產能力的資格制度吧？結婚與生育間的關係，與其說是根據邏輯，倒不如說是遵循規範。至此令人疑惑的是，社會將兩者合而為一的意圖又是什麼呢？

我想知道是由什麼人，以及基於什麼需求而必須建立與維持這樣的制度。為了解開這個疑惑，我們可以依循誰的結婚與否會改變對於孩子的責任，以及這一切與誰存在利害關係來釐清。從歷史上來看，女性從很久以前開始，無論結婚與否都必須承擔養育子女的責任。情況的轉變，主要是因為男性。在幾乎由男性獨占財產的時代，「婚姻」這條界線是「決定哪些子女即將成為繼承人，並且擁有繼承財產資格的有效方法」[22]。站在男性的角度而言，等於是畫下了另一個即使擁有子女也不必對繼承或扶養負任何責任的空間。

既然如此，限制男性為哪些子女負責的原因是什麼？雖然婚姻被視為是男女相互宣誓堅貞的承諾，但從歷史上來看，堅貞的義務卻只適用於女性。正如韓國長久以來也承認蓄妾制一樣，儘管採行了一夫一妻制，同樣沒有規定男性不得在婚外發生性行為。由於男性不必承擔撫養在婚外出生的子女之義務，因此男性可以自由地進行婚姻之外的性關係。區分婚內、外子女的制度，有助於「男性在保持性自由的同時，避免為自己與（正式的）家人帶來負面的財政影響」[23]。

這種制度之所以形成，與其說是個別的男性基於道德問題而「拋棄」自己的孩子，實際上倒比較傾向於因為社會體制是以男性為中心構建的歷史背景。包括家庭制度在內的多數法律與制度，皆是由男性創立，而他們並不樂見為了婚外關係產生的子女動搖既有的家庭關係，或是造成經濟負擔[24]。像彼得．史丹利一樣，願意不在乎合法婚姻關係的存在與否，承擔起照顧子女責任的男性的出現，顯然成為了一道撼動現有自由生活形式的尷尬裂痕。

近來，韓國也出現了改變的趨勢。未婚父親挺身而出，嘗試改變阻礙非婚生子女的制度。從出生登記開始就是個問題；非婚生子女的出生登記規定由「母親」申辦，未婚父親則必須經由漫長的審理，確認與子女的關係後，才能辦理出生登記。經過努力改善後，終於在2015年通過又被稱為「愛之法」的法案，簡化未婚父親申辦出生登記的程序[25]。然而，問題依然存在。舉例來說，假如未婚父親確實為孩子的生父，但孩子的母親卻已經與其他男性結婚的狀況，出生登記就會變得困難。原因在於，當母親想要辦理出生登記時，現任丈夫即會被視為孩子的親生父親。在這種情況下，生父幾乎不可能合法辦理出生登記。

基於這種法律上的矛盾，於是出現了完全無法辦理出生登記的兒童。沒有其他辦法中辦出生登記的三位未婚父親，與他們四位非婚生子女決定提起憲法訴願。2023年3月，憲法法院認為這項制度侵害了非婚生子女的「出生登記權」，判決為不符《憲法》[26]。事實上，這是確立兒童權利而非生父權利的決定。這項決定意味著「出生登記」不被視為父母的權利或義務，而是無論父母如何都必須保障的兒童基本權利[27]。後來，國會在6月時通過了防止兒童出生登記遺漏的法案，決定採用「出生通報制」，不再只由父母負責出生登記，要求醫療機構必須向地方自治團體通報嬰兒出生之事實[28]。

有件事倒是相當明確——社會對於婚外出生的人已經漠不關心了很久。負責扶養他們的養育者，背負著「沒結婚就生小孩的傷風敗俗者」的烙印。即使到了現在，韓國社會依然存在抗拒選擇非婚生子女作為結婚對象的氛圍。根據2021年的「國民對多元家庭的認知調查」顯示，願意接受「未婚父／母的子女」作為本人或子女結婚對象的人僅有59．5％。對於「未婚同居家庭的子女」的態度則更為負面，願意接受這個族群作為本人或子女結婚對象的人，甚至只有不到一半的45．5％[29]。

接下來一起回顧在漫長的歷史洪流中，新生兒的命運是如何隨著婚姻制度改寫。從洪吉童變成庶子的原因可以得知，成為非婚生子女無關新生兒本身，而是因為當時的婚姻制度。可是，大家譴責的卻是「人」。人們總是很容易忘記婚姻是社會建立的制度，非婚生子女的概念是法律劃分的差異。在這種制度下處於不利地位的非婚生子女，反而被視為不該出生的邪惡存在，正如電視劇所呈現般，這群人被當作是家庭悲劇與衝突的元凶。設計出歧視的社會，就這樣躲在對孩子們指指點點的人身後。

於是，問題來了。我們現在所處的社會，究竟是為了什麼守護婚姻制度？真的不可以在婚外生育嗎？認為「生育必須建立在婚姻框架內才正常」的觀念，無論有意或無意，確實都將人劃分成合法與非法，讓生命從一開始就形成了不平等。社會並非不清楚這種不平等，而是不認為這一切存在任何不當。歧視之所以被合理化，是因為人們焦慮著「婚姻是生育的基礎」的信念一旦瓦解，社會的根基便會隨之崩潰。既然如此，我又更好奇了——究竟我們起初是如何看待一個人出生的意義？既然社會容忍打從出生的那一刻起就開始的歧視，那麼在此環境之下提升生育率的意義又是什麼？

一個人的出生

「勞動力即國力，生育即愛國。」

2005年10月，當時擁有最多會員的婦女團體以此為主題，舉辦了全國婦女大會。隨著從2002年開始出現對超低生育率的危機感加劇，這些人對於「年輕人偏好單身與少生孩子的思維」感到憂慮[30]。接著，毅然決然地宣布「我們必須重新認知到婚姻不是一種選擇，生育更是女性與生俱來的義務，因此決定挺身阻止迴避結婚與生育的現象」[31]。儘管已經過了很久，「生育即愛國」這句年代久遠的口號依然琅琅上口。仔細回想，早已習慣這個關聯性的我，甚至也曾在無意間對著生孩子的同事說過：「很愛國喔！」

2016年，行政安全部公布全國育齡女性分布情況的「育齡女性地圖」[32]，並且表示此舉是為了推動各地區策劃低生育率的對策。將育齡女性以數字呈現的這幅地圖，隱含著勸導生育的訊息。即便主管機關聲稱本意並非如此，卻讓人感覺「妳必須生孩子，大家才能活下去」的沉重壓力，彷彿女性肩負著生產人口的任務般。在一個人的人生中，「生育」顯然是件必須慎重審視才能決定的難事，但令人備感壓力的政策卻像是在考驗公民意識一樣，要求人們透過這項決定體現愛國心。

在這種綳緊神經關注低生育率的情況下，結了婚卻沒生孩子，所謂的「頂客族」（Double Income No Kids, DINK）尤其容易成為箭靶。在某個網路討論區，為了女朋友提出婚後打算當頂客族的故事掀起論戰。文章底下充滿了各種剖析「既然不生孩子就不想結婚的男人」與「不想生孩子但想儘早結婚的女人」，究竟哪方比較自私的留言。於是，熟悉的問題出現了——「既然不生孩子，為什麼要結婚？」雖然這個問題本身就帶有譴責的意味，但仔細想一想，確實是一針見血的問題。這是對「『婚姻』在韓國社會到底是什麼？」的根本探究。

從《憲法》上來看，關於結婚或生育的決定，其實是屬於國家或第三者不得干涉的私生活領域[33]。國家有義務保護與支持個人自主建立家庭，並且有尊嚴地、平等地維持家庭生活[34]。因此，已婚夫妻生育與否，應全權交由兩人決定。問題在於，事實卻是完全相反。結婚與生育，在韓國社會就像充滿了他人意見與希望的公共議題。從父母暗中施壓「今年讓我抱孫」，到「夫妻倆有孩子才走得長久」等來自周圍對於婚姻的忠告，干涉結婚與生育的確是再常見不過的日常[35]。

或許是因為如此，我反倒更好奇結了婚卻不打算生孩子的人有何想法。畢竟各自情況不同，自然很難以三言兩語說明是基於什麼原因做出這個決定。不過，確實可以透過研究發現在這些人的決定過程中存在兩個問題——韓國社會是適合孩子生活的社會嗎？有辦法在不捨棄自己人生的同時，照顧好孩子的生活嗎？[36]這是在認真考慮過將來必須在這個社會生活的孩子，以及目前正在這個社會生活的自己兩者的人生後，才做出的決定。有些人譴責選擇不生孩子的夫妻自私，但我卻不清楚應否像這樣輕言批評如此深思熟慮的過程。

仔細想想，生孩子是開啟未知世界之事。誰也無法預知出生的孩子會是什麼樣的孩子、養育者的境況會在孩子的成長過程遭遇哪些變數、未來世界會如何轉變。養育者只能根據當下的情況推測未來。萬一現在的世界不平等，養育者既無法具備有利條件，也不認為未來會有變好的展望，結果會是如何？對於子女，當然存在許多無法預測的部分，但當養育者提供這個名為「家庭」的環境幾乎已經決定了子女的人生，那麼在這樣的社會生孩子就是極為困難之事。

此外，以國安危機之名強迫生育的社會氛圍又是如何？政府與輿論不停談論著低生育率的持續會造成人口結構的改變，以及增加社會保障的支出、經濟成長率衰退的憂慮。就政策而言，這些分析確實妥當且必要[37]。可是，為了諸如此類的原因要求大家生孩子，則又是另一個層面的問題。假如必須克服低生育率的原因，是為了確保負責社會扶養與經濟發展的人力，那麼人在這塊土地出生的價值不過只是勞動力，而生孩子也就意味著生產勞動力。

若是改站在出生孩子的立場來看，迎接一個人誕生的想法或許就會變得不一樣——比起國家的存續與發展，更重要的是誕生在這塊土地的人，是否能夠有尊嚴地、平等地生活？是否能在不犧牲養育者的同時，共享快樂時光並成長？任何孩子會樂意誕生在一個不重視生而為人本身的尊嚴，並將他們當作工具的社會嗎？隨機抽籤出生在不平等的世界，完全不知道自己會過上什麼樣的人生，顯然不會是件簡單的事。或許，今時今日的低生育率是孩子們迫切的集體行為——除非我們有辦法建立一個無論出生方式為何，都能保障人的尊嚴與平等的社會，否則他們不會來到這個世界。

假如結婚與生育的絕對公式解體了，於是未婚家庭愈來愈多、同性婚姻也變得合法化，實在很難單憑幾句話預測韓國社會會因此變成什麼模樣。不過，根據國外的情況來看，可以得知改變的結果與「崩潰」、「社會災難」相距甚遠。再加上，如果以總生育率來比較的話，同性婚姻法制化國家的情況明顯優於韓國。以在2001年世界首個承認同性婚姻，迄今已經過20年的國家荷蘭為例，現在的總生育率是1．62名（以2021年為準）。法國於1999年採行《民事伴侶結合法》（Pacte Civil de Solidarité, PACS），作為同性與異性非婚伴侶的替代制度，並且自2013年起承認同性婚姻[38]；法國在2021年的總生育率為1．80名。

在這些國家，非婚生育率的比例也很高。過半數的兒童，都是在婚姻制度以外誕生。荷蘭的非婚生育率為53．5％，法國則是62．2％（以2020年為準）。以2020年OECD成員國的平均來看，非婚生育率為41．9％，總生育率為1．56名[39]。我們該如何解釋在結婚與生育的絕對公式逐漸泡沫化的國家出現的高生育率呢？這一切，是不是就意味著這些國家已經建立了無論一個人的出生方式為何，皆能保障其平等生活的社會呢？現在是時候思考一下，我們的社會是不是犯了一個錯誤——在努力嘗試打破婚姻築起的高牆，並且包容多元化出生的同時，卻又將其視作傷風敗俗。

不久前，有消息指出某位未婚的女性藝人透過接受精子捐贈的方式生下孩子。許多人都為這個大膽、自信的決定送上祝福與支持。不僅再次肯定了生育的本質在於與孩子的關係，而非合法的婚姻，同時期待未婚家庭也能過得很好。然而，也有人投以令人不適的目光。當這對母子一被受邀參與KBS電視台的育兒實境綜藝節目，由觀眾發表意見的留言板便湧入了大量認為此舉是在「頌揚自願成為未婚媽媽」的反對聲浪[40]。在青瓦台的國民請願平台上，也出現了主張「公營電視台必須端正家庭觀念，以及鼓勵結婚與正常生育」的文章[41]。

另一方面，孩子們依然在阻止「不正常」家庭的人，與反問所謂「正常」是由誰決定的人之間日漸成長。當面對在「不正常」家庭出生的人時，如何對待他或她仍是考驗我們價值觀的重要問題。（即使很遺憾地）為了守護家庭秩序，我們是不是該繼續區分正常與不正常，並將一切歸咎於「異類」？或是拒絕這種分類，並要求改變家庭制度以實現平等呢？揭開下一章的這個問題，探究的是這個社會究竟是將人的出生當作一種手段，抑或是將來到世上的生命視為珍貴的同行夥伴呢？

第3章　不請自來的誕生，未經允許的生育

假如你是法官

20歲出頭的A向法院申請性別變更，要求將法定的性別「女性」變更為「男性」。接受了乳房切除術與賀爾蒙療法的A，除了擁有男性的外貌與聲音，家人與周圍的人也將A認知為男性。可是，A並沒有摘除子宮與卵巢等女性生殖器官。假如你是法官，是否會批准A的性別變更？

這個案件於2019年12月由京畿道的法院受理[1]。當時負責一審的法官，並未批准A的性別變更。原因在於，申請人必須完成子宮與卵巢的摘除手術，達到完全喪失生殖能力才行。法院特別制定了《跨性別者的性別變更許可申請案等事務處理綱領》，提供類似案件參考；內容提及可以針對「申請人是否因性別重置手術喪失生殖能力」進行調查[2]。一審法院的法官認為生殖能力之喪失為「必須要件」。

然而，這項判決卻在2021年10月的抗告被推翻了。抗告法院認為A已經以男性身分生活在社會中，是否喪失生殖能力僅是參考事項，而非必須要件。這是韓國法院史上第一次在沒有消除生殖能力手術（即絕育手術）的情況下，批准性別變更。法院在提及自主決定權、人格權、不傷害身體的權利時，做出以下說明：

為了性別認同獲得承認，要求如子宮摘除術等不可逆的方式消除生殖能力，強迫損害身體的完整性，是過分限制自主決定權與人格權、不傷害身體的權利。[3]

各位如何看待法院的這項判決？換句話說，不完全消除生殖能力即代表仍存在懷孕的可能性。連男人是媳婦都覺得奇怪了，更何況是男人懷孕？大家可能認為「既然想要變更性別，接受絕育手術不是理所當然的事嗎？」然而，我們卻不時能聽見在國外的跨性別者以男性身分懷孕生育的事。雖然一定會有人說「世界末日了」，但這確實是發生在與你我生活在相同時代的人身上。

以2022年為準，在為跨性別者準備性別認同配套措施的40個歐洲國家中，有28國允許在毋須進行絕育手術的情況下完成性別變更[4]。起初並非如此。其間，許多國家都曾將強制絕育作為要件，直到後來才開始廢除，而且這類國家的數量持續在慢慢增加。時至今日，在荷蘭、德國、瑞典、西班牙、英國、義大利、葡萄牙、法國等國，跨性別者即使沒有進行絕育手術，依然可以變更法定性別。

2017年，歐洲人權法院做出了禁止要求跨性別者強制絕育的判決。對此，除了表示國家要求絕育手術或極可能導致絕育的手術、治療，以作為變更官方文件上法定性別的條件已經違反了《歐洲人權公約》；同時，亦認為即便以國家的立場來說，維護身分登記的秩序確實重要，但此舉已屬過分的要求。違背跨性別者的意願，強迫他們接受絕育手術，不僅損害個人身體的完整性，更違反了國家理應保障個人性別認同受到尊重的義務[5]。

以全世界來看，包括絕育手術在內的各種醫療處置與精神科診斷等強制要件正在消失。取而代之的是尊重當事者決定，並且認同其性別的國家，如：挪威、丹麥、比利時、瑞士、阿根廷、冰島、愛爾蘭、葡萄牙等正逐漸增加[6]。有些國家也在官方文件上準備了女性與男性之外的註記；包含尼泊爾、紐西蘭、德國、美國、印度、加拿大、澳洲在內的國家，皆提供像是在護照之類的官方文件上填寫性別時，可以自主選擇「女性」或「男性」外的「X」、「多元」、「其他」等。另外，也有消息指出荷蘭預計會直接刪除身分證上的性別資訊[7]。

仔細想想，國家只是負責記錄與管理如戶口名簿等官方文件上，關於「我」的資訊，並沒有任意指定個人資訊的權限。假設我有希望被正式稱呼的姓名，國家原則上就該尊重個人資訊的自主決定權，批准姓名變更的要求[8]。性別同樣也是個人資訊，而國家只是扮演管理者的角色，如果以這個角度看待這一切，一點都不會覺得其他國家的這些改變有何奇怪。

儘管如此，或許還是有人無法完全接受。始終認為國家理應採取控管措施，阻止法定性別為男性者生育。可是，讓我們再想一想。僅僅因為國家負責管理個人的性別紀錄，便甚至可以要求個人消除生殖能力嗎？國家有權決定哪些人可以生孩子、哪些人不可以生孩子嗎？國家對於一個人的誕生握有多少權限？

必須離開的孩子

人的出生，是一個未知的存在現身於共同體中的戲劇化事件。就移民而言，新人通常需要通過國家嚴格的審查，才能融入社會成為一分子；相反地，一個人的出生卻是在沒有任何事前審查的情況下，直接出現在這塊土地。假如像這樣登場的成員是社會不歡迎的存在，國家可以怎麼做？又可以做到什麼程度？是不是能像拒絕移民者入境一樣，要求出生的人離境前往國外呢？

1966年4月28日，《朝鮮日報》發表了一篇以〈全國4萬名成年混血兒的煩惱〉為題的報導。在此介紹刊載於這篇報導的「混血兒」[9]文章之一：

> 童年時期的我，完全不明白母親為什麼要把我關在房內，不讓我外出。甚至記不起自己是從哪一刻開始，熟悉了只要一見到陌生人就得遮住臉，或是將臉埋進石牆裡的習慣。我唯一確定的是「這裡不是我的故鄉」，卻渾然不知究竟是從哪裡開始出了什麼錯。[10]

如同各位所知，韓戰後由韓國母親與美軍父親生下的多數混血兒童都被國外收養。事實上，政府原本的計畫是讓混血兒童「全數」被收養到國外[11]。然而，兒童們卻在經歷等待收養又失敗的過程中，慢慢長大成人。這篇報導憂慮的是「盼望混血兒全數被收養的前景堪憂」的情況下，必須「另尋出路」的「社會問題」[12]。

上述文章是來自當時13歲兒童的故事。從文中可以看出他從很久以前就必須藏起自己的臉、被關在房內度日，只為了躲避旁人的目光。他說：「我唯一確定的是這裡不是我的故鄉。」明明是在韓國出生、成長，為什麼會說韓國不是「故鄉」呢？彷彿被收養到國外並不是離開故鄉，而是尋找故鄉。

雖然聽起來很奇怪，但混血兒其實不是「韓國人」。根據當時的法律，來自外國父親的混血兒童無法取得韓國國籍。由於1948年制定的《國籍法》採用「父系血統主義」原則，因此父親必須是韓國人，孩子才能成為韓國人。假如父親的身分不明，也能改由依照母系血統取得國籍，但以混血兒童的情況來看，由於父親顯然是外國人，所以很難使用這個方法[13]。後來改採兩系血統主義，只要孩子的父或母之一是韓國人就能取得國籍，則是在經過將近五十年後的１９９８年６月[14]。

當時沿用戶主制的身分登記制度也是個問題。戶主制，指的是「以戶主為主，記錄所有家庭成員的出生、婚姻、死亡等身分變更」[15]的制度。戶主必須為男性，其餘的人則是按照與戶主的關係登記身分。假設女性結了婚，即得入籍至戶主是丈夫的戶籍，並且被刪除原本由父親擔任戶主的戶籍。子女入籍至由父親擔任戶主的戶籍後，當戶主死亡時，則由兒子優先繼承成為戶主。

如果父親是外國人，像這樣依循父系血統主義的戶主制就會面臨困難。子女必須跟隨父親的姓氏與籍貫登記身分，但混血兒童卻無法加入父親的戶籍。儘管也有韓國母親會讓子女入籍至娘家親戚的戶籍，藉以取得國籍，但多數兒童則是完全沒有戶籍[16]。根據１９５９年３月的報導，在當時共計１０２０名的混血兒童中，僅有３２５名擁有韓國國籍[17]。戶主制一直維持到很久之後的２００５年，因憲法法院判決不符合《憲法》才被廢除。

於是，在以男性血統為中心的父權制社會，來自外國男性的孩子即是「無根」的存在，形同「孤兒」。即使擁有韓國母親，韓國也不會成為混血兒童的故鄉，而是灌輸他們「必須前往父親的國家」的想法。當人們不停以「為了孩子好就該讓他們被收養到國外」施壓，許多因此覺得實在走投無路的母親，只好放棄親權[18]。可是，除了被收養到國外之外，真的沒有其他路可走了嗎？難道不能透過修正戶主制與《國籍法》，讓他們取得國籍在韓國生活下去嗎？

仔細回想，當時正好是韓國在歷史上第一次採行本著平等與自由精神的民主憲法，建立政府的時期。這在本質上與過往的朝鮮王朝時期或日帝強占期完全不同，而是為了建立全新的社會秩序，制定現代法律體系的時期。根據《制憲憲法》第8條「所有國民在法律面前一律平等」、禁止關於「性別」的歧視，以及第20條規定「婚姻應以男女平權為基礎」[19]。因此，順應民主體制，以男女平等為基礎，重新調整家庭制度顯然是再自然不過的一步。

弔詭的是，家庭制度卻是個例外。只要涉及家庭，比起平等，主流意見往往更重視必須保留傳統。民主思想或《憲法》本身明明也是源於西方國家，但唯獨在家庭方面，主張捍衛韓民族的「良好風俗」倒是占了上風。然而，根據首爾大學法學院教授梁鉉娥的分析，「家庭法應該遵循該民族既有『習慣』而非西方法律的這件事本身，即是源於日帝的殖民政策」[20]。於是，在不破壞傳統家庭秩序的範圍內允許平等的觀念，至今仍是「凍結」家庭制度的「絕對原則」[21]。

社會將譴責的矛頭指向混血兒童及其母親，而非改變家庭制度。母親被認為是與美軍進行性交易的「墮落」女性，為此承受生下了不同血統的批判。所謂「洋公主」（註：指稱美軍慰安婦）的孩子，被貼上了破壞單一民族純種血統的存在，以及沒有爸爸的孩子的標籤。據說，社工會以「混血兒童在韓國生活會被歧視一輩子」為由，勸誘母親們將孩子出養[22]。擔憂孩子遭受歧視的痛苦或許是發自真心，但除了出養到國外之外，真的沒有其他解決這個痛苦的方法嗎？

時任總統的李承晚以反共與統一為目標，設立了強調單一民族血統與命運共同體的「一民主義」意識形態[23]。不過，諷刺的是，總統本人的妻子是來自奧地利的女性。在父系血統的父權制之下，妻子是外國人似乎不是什麼問題。根據當時的國籍法，「成為大韓民國國民妻子者」即可自動取得韓國國籍[24]。一方面為了強調「純血」，甚至到了打算把所有「混血」全送到國外的程度，另一方面卻只考慮男性的血，這種矛盾在當時的韓國社會顯然並不奇怪。

偏偏選用出養到國外的這個方法，可能也是因為這在父權制秩序裡被視為「最好的」選擇。國家也心知肚明，在一切都以男性為中心設計的社會裡，沒有丈夫的女性幾乎不可能在養育孩子的同時存活下去。唯有改變社會結構，才能讓女性在沒有丈夫的情況下也能獨力工作養育子女，否則就會陷入得由國家承擔照顧費用的局面。可是，如果可以把兒童送至國外，便能一口氣解決所有煩惱。既不必動搖父權制秩序，也不會花費社會保障費用，甚至還能藉由出養賺取外幣[25]。

即使後來進入經濟成長期，依然持續使用這個「最好的」方法。跨國出養的兒童數量，更是出現爆炸性的成長。根據保健福祉部的統計，自1958年至1969年間，跨國出養兒童為7867名；而後於1970年代被出養至國外的兒童數量為4萬6035名，1980年代為6萬6511名。甚至在韓國加入OECD的1996年後，這個數字依然維持在每年2000名以上，2000年代後期為每年1000名以上。直到2012年修正《收養特例法》後，至新冠肺炎爆發前的2019年為止，幾乎每年都持續保持超過300名的水準[26]；其中大部分都是「未婚媽媽」的子女[27]。這個社會就這樣靠著維持父權制與節省社會保障支出來實現經濟發展。

跨國出養究竟是為了什麼的「最好」選擇？不久前，300多名跨國出養者向真相與和解歷史整理委員會（簡稱真相和解委員會）申請調查，表示他們在跨國出養的過程中遭受人權侵害。他們認為跨國出養混血兒童符合「種族清洗」的「反人類罪」，並且要求揭露政府與出養機關在經濟成長期依然持續的跨國出養，是藉由將有父母的兒童註記為「孤兒」等篡改文件的行為，肆無忌憚地侵害人權[28]。後來，真相和解委員會於2022年12月宣布，將針對自1960年至1990年為止被出養至荷蘭、挪威、丹麥、德國、美國、比利時等六國的34人之案件進行調查[29]。

這樣的歷史可謂殘忍，難以想像居然有如此將出生於這塊土地上的人「驅逐」的歷史。儘管如此，人們卻始終認為「既然孩子留在韓國會遭受嚴重歧視，倒不如送他們離開」。彷彿這才是為了孩子好的最佳選擇。改善制度與社會，讓他們可以一起生活在這塊土地上，不才是真正為了孩子著想的最好方法嗎？然而，韓國社會卻選擇了不必付出努力改變的方法。社會就像這樣長期堅守著父權制，將經濟發展視為最高價值的同時，將人送離這個國家。

生育的資格

韓國國家人權委員會於２０１８年辦理了旨在「促進身心障礙父母權利」的實況調查。在此，為大家介紹一段當時被納入問題選項之一的內容。希望正在閱讀本書的各位，也試著在讀完下列文字後，選擇最接近自己平時想法的答案。

「我認為不易親自教養的身心障礙夫妻不要懷孕或生育比較好。」

①是　②不是

總共有６０５名非身心障礙者參與了這項問卷調查。結果如何呢？70％的受訪者選擇「是」，不同意的人僅占30％，絕大多數的人認為「若是身心障礙夫妻無法養育子女，不懷孕或生育是比較好的選擇」[30]。可是，如同大家所知，懷孕、生育是包含身心障礙者在內所有人的權利，也就是人權[31]。如果存在教養子女面臨困難的身心障礙夫妻，理應提供相對應的支援，但為此認為這個族群「不要生比較好」，即變成了歧視。

然而，為什麼大家會這樣回答呢？

根據前文的結果，我慎重地推測各位的答案大概也是「是」吧？或許，內心難免會有這樣的想法吧？——「就是因為現實上能給予他們的協助不夠，我才會這樣回答，假如國家有辦法為身心障礙夫妻提供充足的支援，那麼我的答案就會不一樣！」在前文提到的實況調查中，同樣有94％的受訪者對於「國家必須為身心障礙夫妻提供教養支援」表示同意[32]。即便如此，混亂依然存在。在目前既有的現實條件之下，始終改變不了身心障礙者的生育不受歡迎這點。

我們一起思考看看關於「懷孕與生育確實是個人權利，但身心障礙夫妻最好不要懷孕與生育」這個矛盾想法。多數情況是基於對孩子的擔心，所以才沒辦法欣然認同身心障礙父母的決定；一想到孩子不幸的一生，通常就會認為父母只顧自己權利的行為「太自私了」。不過，這種形容方式即使不是用在身心障礙父母身上，也能經常在不同情況下聽到。當未婚女性表示自己決定生小孩時，不也會聽到大家以「妳要考慮孩子成長過程沒有爸爸」的說法阻止嗎？如果在此時表明「這是我的權利」，便會成為自私的人。在家境貧寒的狀況生了好幾個孩子時，同樣也會被批判這是沒有為子女著想的自私決定。換句話說，在特定境況下，生育經常被社會評價為「自私」的行為。

既然如此，該怎麼做才是不自私的生育呢？可以根據前文提及的幾種批評，試著反向推測一下。首先，必須是非身心障礙者，接著必須是在男女結了婚的狀態，並且在經濟能力具備一定程度的環境下，生出數量適當的孩子。粗略整理一下，考慮到人口替代率（維持現有人口標準的總生育率）是2．1人，那麼「由中產階級以上、非身心障礙的已婚異性夫妻與2名子女組成的家庭」應該就不會被譴責是自私。這就是所謂的「生育資格」吧？

儘管韓國社會早已習慣默許這種「生育資格」的存在，但其實很奇怪。如同在第2章提過的，生育明明是生育孩子的養育者的事與私生活，但除了其他家人與左鄰右舍的欲望會介入，甚至還得背負來自國家與社會的壓力，彷彿這是個公共事務般。生育的決定感覺像是在履行對國家與社會的義務與責任，而不是個人權利。

追溯起來，生育在儒教秩序中是傳宗接代的方式，確實會牽動整個家族的利害關係。生育，既是對家族的義務，也是女性被賦予的最重要角色。到了近代，儒教的家庭觀念成為形塑「國家」觀念的根據。「國家」這個詞本身，即是將「國」與「家」合在一起，因而形成了所謂的「國家」即是「大房子」與大家庭的概念[33]。由此來看，生育既然是延續國家的方法，便自然成為牽動整個社會利害關係的事。既然生育是國民的義務，即代表國家可以干涉與控制個人的生育嗎？

綜觀全世界，不少國家都有過積極強硬介入生育的契機。優生學在20世紀初登場，以醫學與科學之名，宣揚著在人類之中存在較優秀人種的理念、必須繁衍優秀人種並消滅劣等人種的理念。許多國家都制定了關於如何改良民族與建立文明社會的偉大計畫，為了消滅劣等人種開始執行強制絕育，於是美國與德國、丹麥、挪威、瑞典、芬蘭等國皆以公共政策為名，立法與實施強制絕育[34]。

眾所皆知的納粹大屠殺暴行，也是源於優生學。納粹自1933年制定《遺傳缺陷後代預防法》後，至1939年為止已經對被判定為智能障礙、癲癇等將近37萬5000人施行絕育手術。1935年，又以《婚姻衛生法》禁止罹患精神障礙、遺傳疾病、傳染病者結婚。後來，更是在「T-4行動」之下，將至少7萬名被歸類為具有障礙、疾病、反社會行為等「無用」者送進毒氣室殺害[35]。這項計畫，一方面是為了避免照顧這些人需要的經濟負擔，另一方面則是利用留下的「有用」者培養優秀民族。

韓國在1910年後期接受了優生學後，於1933年創立朝鮮優生協會，展開提倡改善民族的優生運動[36]。在這樣的社會氛圍之中，痲瘋病患便成了強制絕育的對象。自1930年代至1990年前後，被隔離在醫院等療養機構生活的痲瘋病患，必須接受絕育手術才能與另一半同居。懷孕時，甚至必須接受強制墮胎。即使當時已經釐清痲瘋病是細菌感染疾病而非遺傳疾病，且從1950年代起也隨著治療藥品的普及，成為能夠完全治癒的疾病，國家依然一直維持強制絕育的政策[37]。

身心障礙者同樣成為了強制絕育的對象。根據1999年發表的調查，曾有66名智能障礙者（男性40名，女性26名）於1983年至1998年期間，分別在6個社會福利機構遭受強制絕育手術[38]。這不是社福機構獨斷的行為，而是在負責官員協助之下，透過隸屬政府機關的保健所與大韓家庭計畫協會施行絕育手術。根據1973年制定的《母子保健法》，國家可以針對有遺傳疾病者下令施行強制絕育手術[39]。《母子保健法》的目的，打從一開始就是源於追求生產與養育「健全」子女的優生概念[40]。生育「健全」的，或是按照字典的定義是「無病無恙且健康、完整」的子女一事，是確保工業化時代所需高品質人力的國家課題[41]。

儘管國家下令施行強制絕育手術的制度已經於1999年2月廢除，《母子保健法》至今卻依然留有關於優生學的條款。《母子保健法》第14條規定，「父親或母親存在有關優生學方面或遺傳精神障礙、身體疾病時」得進行人工流產。雖然這不是強制施行絕育手術，其中卻暗藏著某些人在優生學上的價值較低的可怕觀念。國家人權委員會也對此表達憂心的立場，認為這項規定「使在未經身心障礙女性的同意之下，施行強制絕育手術或墮胎變得正當化」，並且可能導致「身心障礙者被視為劣等存在的汙名化現象」[42]。

即便沒有過去那麼明目張膽，但對於無法生育「健全子女」的人，來自社會四面八方的指責至今從未中斷。當有人生下社會不想要的孩子時，便將一切責任歸咎於決定生育的個人，並稱之為「自私的行為」。如同對待混血兒童一樣，人們高舉著「保護」兒童免於社會歧視與不幸人生的名義，干涉身心障礙者及其家人。於是，打造出一個讓身心障礙者難以夢想生育與家庭生活的社會[43]。基於優生學的歧視仍作為一種機制發揮著作用，只允許「正常」與「優秀」的人擁有生育與出生的資格。

生育的權利

除了強制絕育外，禁止通婚也是控制「劣等」人生育與出生的方法之一。像是前文提過德國納粹於1935年通過《婚姻衛生法》，禁止罹患精神障礙、遺傳病、傳染病的人結婚。同年制定的《保護德國血統與榮譽法》，則是禁止具德意志民族血統者與猶太人結婚或發生性行為[44]。受到優生學的影響，美國自19世紀後半起，亦制定了禁止智能障礙者與精神障礙者等結婚[45]。直到1967年因美國聯邦最高法院「深愛夫婦訴維吉尼亞州」（Loving v. Virginia）的判決廢止前，始於17世紀的禁止白人與其他人種通婚的法律也曾在不少州生效[46]。

按照優生學的邏輯，移民者同樣受到選擇性的控制——阻止劣等種族的人口增加，才能維護優秀種族的繁榮興盛。美國為了維持初期以西歐移民為主的國家人口，於1924年的移民法令（Immigration Act）中採行配額制度[47]，結果大幅限制了來自義大利、匈牙利、土耳其等南歐與東歐移民，提高移民家庭一起移居的難度，所以在很多情況下不得不分開生活。

目前，在韓國也有待了近十年卻無法攜家帶眷的移民。政府認為，長期居留在韓國的多數外國人理應與家人一起生活，因此也會批准其配偶與未成年子女等眷屬的居留資格。相反地，卻不允許透過僱傭許可制進入韓國的移工帶著家人同行[48]，這些人是在中小製造業、建設業、農畜產業等韓國人不願從事的領域工作的移工。其中原因並不明確，是因為「低技能勞動者」的地位嗎？既然「家人」不會因為從事低技能勞動而變得沒那麼重要，那倒是令人好奇是否存在什麼非歧視且正當的原因，才非得將他們與家人分開[49]。

劃分人類價值優劣的優生學觀點，是歷史上無數歧視少數族群的理論基礎。藉由種族主義、外國人嫌惡、身心障礙歧視、性少數嫌惡、標籤經濟低下階級等，在族群之間樹立階級，試圖隔離與排除劣等族群。雖然優生學起初看起來是為了追求人類的發展，最後卻合理化了針對少數族群的暴力，並且透過「有用」與否的評價，將人類貶低成為工具般的存在。儘管如此，社會依然有意無意地將「經濟發展」的「人力」作為衡量每個人價值的標準，將人視為優生學觀點的「人口」。

有時，最強烈的歧視往往有著仁慈的臉孔。預告即將出生的孩子將遭遇不幸的憂慮，成為了自我實現的預言；人們向考慮生育的人發出善意的擔心與警告，使世上的歧視往後也能維持始終如一而變成既定事實。於是，只能將實際面臨的不幸，歸咎於「選擇」生育的個人。結果，歧視就這樣被保存與傳承下來，而人們（在無意間）「參與」了使某些族群的未來永遠不幸的行為。以這種方式阻止某些人來到這塊土地的行為該有多麼暴力啊？

如果反過來思考，認為父母應該為了孩子著想而放棄生育，或許就是社會不願意改變的藉口。相反地，一個能夠讓父母自由決定生育的社會，對孩子來說已經是一個好的社會。當社會不必對出生的孩子感到愧疚，意味著這已經是個沒有不合理歧視的世界。我們該做的不是阻止某個人生孩子，而是必須學習如何為了以「出生」這種方式登場的未知成員改變，進而形成共同體。

因此，關鍵在於懷孕與生育是國家必須保障的個人「權利」，而不是國家的「手段」。個人擁有自由地、負責地決定任何關於懷孕與生育的權利，國家則有義務保障所有人享有這項權利與享受健康。這就是「生育權（reproductive rights）」。1994年於開羅召開的「國際人口與發展會議（UN ICPD）」通過的行動綱領，對生育權作出如下定義：

（生育權是）所有伴侶與個人都能自由且負責任地決定子女數量與生育間隔，並且擁有基於認同為此獲得資訊與方法的基本權利，以及維持最佳性健康與生育健康的權利。同時，……亦包括在不受歧視、強迫、暴力的情況下，實行有關生育決策的權利。[50]

生育權不能只是單純的「選擇」問題。因為即使國家沒有強制，個人選擇的結果仍然可能具有歧視性。讓我們思考一下，假設經由產前檢查發現胎兒有殘疾的選擇。當有人因胎兒的殘疾為由決定終止妊娠時，必須考慮到在做出這項「選擇」前，得從周圍聽到多少關於家人會承受哪些痛苦的「建議」[51]。雖然人們只是以現實的歧視與不平等作為考量，做出關於生育的建議與決定，但優生學的秩序卻得以藉由諸如此類的「選擇」繼續維持。究竟該怎麼做才能打破這個惡性循環呢？

韓國最高法院於2017年2月做出判決，承認國家必須對因強制絕育手術與終止妊娠手術受害的痲瘋病患負上賠償責任。國家強制施行違反個人意願的手術，侵害個人受憲法保障身體免受損害之權利，進而不正當地侵害組織家庭與追求幸福之權利，具體如下：

（對痲瘋病患施行輸精管切除術與終止妊娠手術）禁止痲瘋病患懷孕與生育，顯然是侵害、限制他們生育下一代並組織美滿家庭與追求幸福的權利，以及他們作為人的尊嚴與價值、人格權與自主決定權、個人生活隱私等。[52]

當時，政府方面辯稱痲瘋病患同意手術。可是，最高法院卻不認同所謂的「同意」。同意，必須是基於「自由且真實的意志」，「由於社會偏見與歧視，以及基於社會、教育、經濟條件的惡劣而不得不」的同意，實際上則視作公權力的強制。

在國外，已經出現國家針對過去向跨性別者施行強制絕育承擔賠償責任的例子。不久前，瑞典議會決定向1972年至2013年必須接受非自願絕育手術的600～700名跨性別者予以國家賠償[53]；荷蘭政府也針對自1985年至2014年要求強制絕育才批准於官方文件進行性別變更的歷史提出正式道歉，並且決定賠償因此受害的近2000名跨性別者[54]。韓國何時才會對跨性別者做出與痲瘋病患強制絕育事件一樣的決定呢？

確保生育權受到保障，雖是對個人關於懷孕與生育之決定的尊重，同時卻也是給予生育者尊嚴且平等對待的承諾。當歧視被容忍與默許時，阻止某個人生育就會看起來像是在捍衛兒童權利一樣，但只要決定了與歧視對抗，那麼養育者的權利就是兒童的權利，捍衛其家人的權利也將成為捍衛所有人不受歧視的權利。因此，跨性別者能夠生育的世界，或許也意味著稍微擺脫了長久以來的性別劃分。如同下一章將呈現的，對於熟悉了性別分工觀念的韓國社會來說，這或許仍是太過陌生的想像吧。

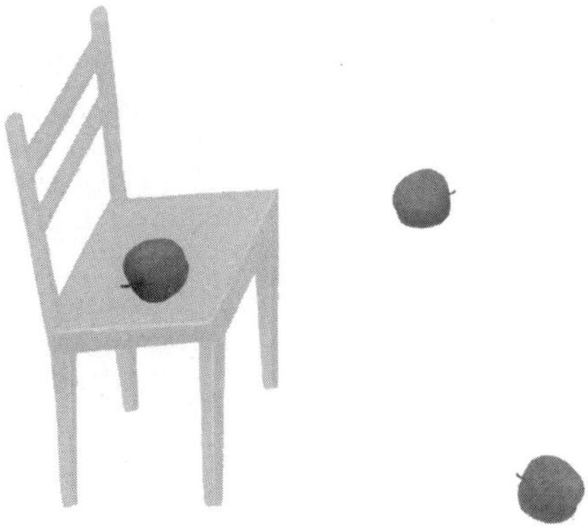

第4章　根據性別平等分配角色？

兩個媽媽

這件事發生在1993年，也就是美國麻薩諸塞州承認同性婚姻的十一年前。兩名女性向法院申請共同收養一名5歲的女孩塔米（Tammy）。兩名女性的名字分別為蘇珊（Susan）與海倫（Helen）。蘇珊與海倫是一起生活超過十年的伴侶，而塔米則是蘇珊透過人工授精生下的孩子。雖然孩子不是由海倫親自生下來，但決定懷孕是兩人共同的計畫，也一直一起扶養塔米。因此，在這個案件中，海倫要求在法律上也承認她與塔米的母女關係[1]。

由於當時同性婚姻不被承認，所以就算她們同居了，但各自依然是未婚的狀態。在法律上，蘇珊是塔米的媽媽。假設法院認可蘇珊與海倫的共同收養，那麼塔米就會有兩個媽媽。法院當時究竟是如何判決呢？換作發生在今時今日的韓國，法院又該怎麼判決呢？

假如向故事聽到這裡的各位詢問意見的話，大概也認為收養申請會被拒絕。竟然有兩個媽媽？太荒謬了吧？或許就會像在第3章見過的常見反應一樣，隨即談起將終其一生遭受歧視的塔米往後的日子有多不幸，並且批評海倫想要成為母親是基於個人的私欲吧？最重要的是，認為必須同時有父母才能讓孩子好好成長，只有母親對兒童並非最好的養育環境。

然而，此案還有幾項事實尚未提及。蘇珊與海倫都是外科醫師，分別在不同醫院工作的兩人，同時也都是哈佛大學醫學系的教授。她們目前居住的房子，是在十年前共同購入。另外，海倫手中還有家裡留下來的遺產，如果法院對於塔米的收養判決認可，那麼遺產就能由塔米繼承；一旦收養判決駁回，這些遺產就得交給其他人。

塔米都是以「媽媽」稱呼蘇珊與海倫。她們倆分擔相同的養育工作；海倫通常會在週間與塔米共進午餐，三人則會在週末時一起遊玩或做家事。當蘇珊與海倫都需要工作時，也會有保母過來照顧塔米。每隔三、四個月，三人就會一起前往親戚們所在的加州或墨西哥渡假。

周圍的人都認為，蘇珊與海倫不僅是很好的養育者，也提供塔米優良的養育環境。無論是鄰居或親戚、神父、修女、同事、塔米的老師，甚至連精神健康專家都對此表示同意。蘇珊與海倫解釋了兩人申請共同收養的原因——萬一她們分手了，海倫也願意承擔同等的養育責任與權利；對塔米來說，比起只有蘇珊一個媽媽，擁有包括海倫在內的兩個媽媽更好。

看完以上說明覺得如何？想法有稍微改變嗎？１９９３年，麻薩諸塞州最高法院判決認可兩人的共同收養[2]。「兒童最佳利益」，是收養最重要的判斷標準。判決認可收養，才能讓塔米的生活繼續維持現狀的穩定；假如駁回收養，當蘇珊比海倫先死亡或兩人分手時，塔米的生活就會變得不安定。作為證人的精神科專科醫師也表示，兒童發展的關鍵在於家庭的穩定與幸福，而不是養育者的性別。因此法院具有充分理由判決認可收養。

三十年前的這場判決，是美國正式認可同性伴侶扶養子女的重要判決之一。當時有不少人都認為同性伴侶養育孩子會對兒童發展有害，但就具體情況來看卻有所不同。雖然就像不是所有異性伴侶都是好的養育者一樣，同樣不能判定所有同性伴侶都是好的養育者，但也不能斷言所有同性伴侶皆不適合養育孩子。法院認為，重要的是兒童的利益，因此不該僅針對同性伴侶而不批准收養，而是必須個別進行審查。

從不同角度來看，這其實是個非常簡單的故事。由兩個經濟穩定，並且願意與孩子分享時間、互相照顧的人共同承擔扶養責任，這一切條件本身不就已經是良好的家庭環境嗎？既然如此，最根本的問題出現了——「家庭」是什麼？非得經由男性與女性的結合後生下子女，才是家庭的本質嗎？在我們的現實生活中，「家庭」是否比想像來得更具有生活共同體的性質？或許，「好的養育者」實際上根本無關性別。

只是，另一方面卻也留下了令人心酸的問題。假設擔任媽媽的她們倆不是醫師，大家依然會維持這樣的想法嗎？正是因為作為養育者的蘇珊與海倫，在教育水準或所得、社會地位等層面都位居社會頂端，所以無論是兩個媽媽或爸爸，忽然都很神奇地讓人感覺不算什麼問題。不，甚至讓人覺得這是超級優秀的養育者。畢竟，孩子極有可能會在富裕的環境中接受最頂尖的教育，並在日後擁有一份好工作。

本書在接下來的兩章，將與各位一同思考，由三十年前美國兩個媽媽的故事揭開的這些疑問。在本章中，我們首先回頭檢視關於「對子女來說，必須由兩個不同性別的人擔任養育者才是完整家庭」的觀念。為什麼非得同時擁有媽媽和爸爸才行？從如何按照性別分配角色，而導致養育者的性別成為問題的原因，乃至探討在歷經追求性別平等的悠久歷史之後，依然屹立不搖的性別分工觀念。至於家庭社會經濟地位造成的不平等，將在第6章進一步討論。

「夢想」家庭

1992年諾貝爾經濟學獎得主蓋瑞・貝克（Gary Becker）於其著作《家庭論（*A Treatise on the Family*）》中，主張分工合作有利於提高家庭總體生產力[3]。換句話說，將家庭成員分為僱傭勞動與家事勞動，並使其專業化，將對整個家庭更有利。既然如此，又該如何分配角色呢？開家族會議決定嗎？如果覺得這個問題很沒意義，那就表示在現實生活基本上已經決定好角色，也就是以性別作為角色分配的標準。長久以來由擔任一家之主的父親出外賺錢，身為全職家庭主婦的母親則是在家中照顧子女的景象，即是所謂的「男主外模式」。

當然了，這種說法可能聽起來有點太老套了。在2021年的兩性平等實況調查中，提出過關於「是否應該主要由男性負擔家計？」的問題。29・9％的受訪者表示同意。直到2016年都仍有42・1％受訪者回答「同意」，顯見數據的大幅下降。此外，男女間的答案也存在差異。其中表示同意的女性占24．1％，男性占35．7％。光看19至29歲的受訪者，表示同意的女性占9．6％，男性占17．5％，回答「同意」的男性將近是女性的2倍[4]。如果是考量所需擔負的責任，男性的「同意」應該更少些才對，結果反而出乎意料。難道「有能力的一家之主」的夢想或壓力，至今仍縈繞在男性的心上嗎？

不過，所有人都知道「有能力的一家之主」與其養活的家庭的形象，無論是源於夢想、壓力或其他，在現實生活中都不是能輕鬆實現的事。一旦這個看似簡單的夢想無法如願實現，男性可能就會開始怪罪自己的無能，甚而陷入愧疚感。但平心而論，這一切其實是建立在相當不現實的假設之上，可謂「夢想」。社會採用這樣的制度與結構，與僅是追求個人夢想是完全不同的層次。這部分會在之後繼續詳細探討。

當社會採用性別分工作為主導觀念時，自然就會產生連鎖反應。試著想想看——為了使性別分工可行，則必須讓一名男性的勞動足以維持所有家庭成員的生計，社會於是優先將職缺提供給男性。在這樣的社會裡，女性很難找到合適的工作，所以只好依賴男性。因此，在性別分工被視為某種根深蒂固「理念」的社會，婚姻（尤其對女性而言）便成了重要的生存條件；不僅如此，婚姻狀態還得維持終生。至於男性被賦予的任務也不容小覷；男性必須擁有充足的收入來養活整個家庭。問題在於，這些期待在現實生活的可行性有多少？

首先，我們思考一下關於結婚時間的部分。根據2013年韓國統計廳公布的婚姻狀態生命表，以2010年出生者為準，一生至少結婚一次的機率估計為女性84．9％，男性79．1％。換句話說，大約在每6個人之中，就會有1個人是終生未婚。即使結了婚，每10個人之中也會有2至3人離婚，其中有略多於一半的人會再婚。就算沒有離婚，61．7％的女性與17．3％的男性也會因為配偶先離世，而成為獨自留下的一方。就平均來說，一生之中擁有配偶的時間估計為女性33．9年，男性32．7年，因此人們必須做好準備在沒有配偶的狀態下度過將近一半的人生[5]。

「終生」在今時今日的意義與以前不同，也有其原因。1955年出生的人出生時，韓國人的預期壽命僅有49．1歲。然而，1975年出生者的預期壽命卻是64．6歲，1995年出生者的預期壽命則是73．9歲，到了2025年則會變成84．4歲，較70年前增加了1．7倍[6]。雖然人們常說結婚要百年好合，但實際上要維持長達100年的婚姻並不容易。在這段期間，可能發生的變數實在太多了。

我們不能樂觀地認為不會有人因意外或疾病身亡，畢竟這本來就是隨時可能發生在任何人身上的事。問題在於，當一個社會是建立於性別分工觀念之上時，一家之主遭逢不幸將會危及其他家庭成員。對於離婚或索性不結婚的人而言，「想當然地」也有問題；最大的問題，是女性的生計會面臨困難。正如我們在第3章也探討過的，未婚媽媽之所以弱勢，原因不在於個人的無能或不道德，而是整個社會的設計不允許她們在家中沒有成年男性的情況下也能好好生活。

既然如此，單靠一名男性的收入維持整個家庭生計的可行性有多少？19世紀的英國，提出男性的薪資水準必須提升至足以扶養整個家庭的想法，促使「家庭薪資」這個觀念的誕生。然而，當時卻也有不少男性無法獲得家庭薪資。根據1911年人口調查資料推測的研究結果顯示，僅有41%的藍領家庭可以光靠男性薪資維持生計，而實際上有許多妻子與子女都必須參與勞動來賺取收入[7]。以男性為中心的大家庭通常被認為是韓國的傳統，但這不過是作為支配階級的兩班（註：指稱貴族階級）追求的一種形式罷了。舉例來說，像是作為賤民階級的奴婢會因應主人兩班的需求分散各處，所以實際上也有很多一人家庭[8]。

到了近代，韓國也出現與「有能力的一家之主」相輔相成的「全職主婦」的理想，根據社會學家張慶燮的形容，這是追求「家庭文化貴族化」的結果[9]。換句話說，這並不是所有人都能享受的家庭模式。實際上，普通人的真實家庭大多與理想中的性別分工相距甚遠。崔仲瑛與張慶燮追溯了自1932年至1961年出生的男性及其配偶的勞動生涯。研究結果顯示，結婚當時有工作的男性約僅有40%能保持相同工作地位至45歲，很多時候會變成不穩定的「邊緣勞工」。隨著丈夫的工作變得不穩定而沒辦法繼續維持性別分工後，妻子就業的趨勢也出現增加的情況[10]。

1997年的金融風暴導致大量一家之主失業，韓國社會於是切身體悟到依賴一名男性養活全家的模式存在什麼樣的危險性。這項危機本來可以成為韓國社會擺脫性別分工觀念的契機，但國家卻反而捍衛性別分工，致力於幫助一家之主「東山再起」[11]。在《爸爸加油》這首童謠為不少中年男性帶來力量的同時，許多女性卻代替「必須扛起家庭」的一家之主失去工作，或被轉為約聘等不穩定的職位。青年失業的情況在同時期也相當嚴重[12]；經濟危機直接衝擊最脆弱的族群，基於性別分工理念的社會結構讓這群人的生存變得更加困難。

因此，家庭透過性別分工提升生產力的想法，在現實生活中僅適用於部分的人，唯有在通過極為嚴格的條件才有可能發生——男性的收入必須充裕，而女性必須與這樣的男性維持終生的婚姻關係。對於許多不滿足這些條件的人來說，性別分工不僅是遙不可及的夢想，更是打從一開始就假借不可能達成的目標，創造出讓生活的立足點變得困難的設計。

事實上，如果只考慮家庭生產力的話，並沒有任何法律規定非得按照性別分配角色。每個家庭成員都可以根據不同標準，決定與調整自己的角色。既然如此，反而更令人好奇了——為什麼社會長久以來都將如此背離現實的家庭模式，維持得像是絕無僅有的正確答案呢？正如在第1章所提到的，從來沒有明確的解釋說明「為什麼人類歷史都是以男性為中心形成家庭」；可是，如同在接下來的篇幅所示，社會顯然刻意一直在努力維持這種性別分工的結構。

女性教育的諷刺

2007年11月，韓國銀行公布選用申師任堂作為韓幣五萬元上的肖像人物，這時大約是在紙鈔正式發行的一年半前。根據當時韓國銀行公布紙鈔肖像人物的報導資料，申師任堂是「朝鮮中期具代表性的女性藝術家」，不僅履行了「賢妻職責」，也是「在培育英才展現非凡成果」的人物。首先高度評價申師任堂是留下《草蟲圖》等作品的藝術家，接著頌揚作為妻子的她如何幫助丈夫「登上仕途」，最後則是介紹關於作為母親的她栽培出「在科舉考試拿下九次狀元」的栗谷李珥等的成功履歷[13]。

女性首次被選為印刷在現行紙鈔上的肖像人物確實相當值得高興，不過卻遭到強烈反對。正如韓國銀行也在介紹中無意間透露般，申師任堂在韓國社會最重要的象徵意義，即是培育了「栗谷」這位著名學者，樹立成功教育子女的偉大母親形象。婦女團體反對選用象徵「賢母良妻」的申師任堂作為紙鈔的肖像人物[14]。有人提出改以獨立運動家柳寬順作為替代方案，但這項要求最終沒有受到採納。

原因在於申師任堂身穿韓服與盤起頭髮的肖像畫嗎？這讓人聯想起賢母良妻就是

韓國傳統女性的形象。可是，如同第1章所示，女性在傳統儒教家庭秩序中，主要扮演的角色是「家中媳婦」；母親這個角色的主要目標在於「生兒子」傳宗接代，而生兒子也是延續家族血統的「孝行」之一[15]。女性終其一生就是恪守遵循父親、丈夫、兒子的三從之道，與挺身教育孩子的賢母良妻形象相距甚遠。既然如此，賢母良妻又是怎麼變成傳統女性的形象呢？

儘管儒教父權制在申師任堂（1504～1551）生活的朝鮮中期尚未完全確立，女性的活動在當時卻已經受到限制。在那個時代，申師任堂住在江陵的父母家作畫，並以罕見的女性畫家申氏聞名。申師任堂之所以成為「母親」楷模，是源自17至18世紀追隨栗谷的人們。這些人在崇拜栗谷的過程中，追本溯源地找到了申師任堂的母愛，於是開始強調她的母親身分，甚於畫家身分[16]。

後來，隨著賢母良妻的理念在20世紀初與日帝強占期的宣揚，申師任堂又再次登場。歷史學家認為，韓國的「賢母良妻」是接受了日本在現代化時期採用的「良妻賢母」理念。這點說明了，當時的社會為了找到「賢母良妻」的女性形象在歷史上的正統性，致力於發掘與頌揚各種女性人物，而申師任堂就在這段過程中逐漸被塑造成為重要人物[17]。由於申師任堂符合當時時代的價值觀，因此受到高度評價。

「現代化」與「賢母良妻」，看起來甚至就像完全不相關的兩個詞彙。然而，當時人們卻基於「賢母良妻」的女性形象，開始疾呼重要的現代價值「平等」，強調女性必須與男性接受同等教育。讓我們透過1896年5月12日的《獨立新聞》社論，來看看這個看似莫名其妙的關聯。

> 男子長大成人後，將會成為官、學士、商賈、農民；而女子長大成人後，將會成為他們的妻子。若妻子與丈夫受過同等教育，並且生育後代，整個家庭自然會和睦興旺。等到為人婦者生下孩子後，便知曉扶養與教導孩子的方法，孩子也會變成腳踏實地……故此，女子的職務並不亞於男人的職務，栽培國家後代的權責甚至完全掌握於她們手中，賦予女子的待遇怎能低於男子？務必予以她們同等的教育。[18]

摘要如下：女子長大成人後會嫁作人婦生兒育女，並且「培育國家下一代」。既然這項任務的重要程度不亞於男子，女子勢必也該接受同等教育。說得再簡單些，即是主張讓女性接受教育以便成為偉大的母親。在「賢母」（賢明的母親）與「良妻」（良好的妻子）之間，著重於「賢母」，而養育子女在此蘊含了國家層面的意義。

因此，當時多數提倡女性教育的人，在意的是「國民養成」，而不是女性的平等本身。在這方面，朝鮮知識分子與日帝關注的焦點相同。朝鮮知識分子主張女性教育，是為了藉由偉大的母親培養國民，創造文明的強國。日帝同樣將賢母良妻視為文明時代的女性形象，因而善用制度化的女性教育作為殖民地同化政策的一部分。根據漢陽大學洪良姬教授的說法，「賢母良妻是殖民主義與民族主義相互作用後創造的衍生物。」[19]

無論女性教育的目的為何，女性正式接受教育這件事本身確實是近代出現的劃時代改變。在過去的儒教社會，女性教育僅限於培育女子的德性，也就是修養有關婦德的家務技巧、紡織、縫紉等。在幾乎沒有進行文字教育的情況下，只有像申師任堂一樣出身士大夫家庭的女性才識字[20]。傳統的私立學校「書堂」（註：指稱私塾，主要教授儒家經典）都是男校；直到現代教育機構出現後，女性才獲得進入書堂的機會[21]。

1886年，由傳教士斯克蘭頓與一名學生開設的梨花學堂（現梨花女高、梨花女大的前身），是現代女校的起點；隨後，基督教體系的私立女校相繼成立，其中包括１８８７年的貞洞女學堂（現貞信女中、貞信女高的前身）、１８９５年的釜山鎮日新女學校（現東萊女中、東萊女高的前身）、１８９８年的培花學堂（現培花女中、培花女高的前身）等。１９０８年，官立女學校隨著《高等女學校令》的頒布成立。後來，女學生的數量也在日帝強占期期間出現增長。不過，女校的教育課程依然著重於家務、裁縫等培養賢母良妻的目的[22]。

１９７０年代的維新體制，特別強調賢母良妻的教育。提倡「忠孝」精神的朴正熙政府，樹立了一套必須像報答父母恩惠一樣報答國家，像侍奉父母一樣侍奉總統的理論。根據社會學家權五憲的分析，這麼做的意圖在於透過「將所有社會關係轉換成為家庭關係」，培養個人服從國家權威[23]。這裡的「賢母良妻」，同樣也是為了國家而建立的女性形象。將女性教育成為賢母良妻，對於栽培「愛國愛族的民族復興主力軍」來說至關緊要[24]。

象徵賢母良妻的申師任堂，在維新體制受到踴躍的召喚。在朴正熙政府執政期間，先是於１９７０年設立申師任堂銅像，接著於１９７５年推動烏竹軒（註：申師任堂故居）的修建工程，最後於1977年在江原道注文津開設師任堂教育院[25]。自1975年起，江原道每年都會頒發申師任堂獎，時至本書於韓國出版的2023年已經邁入第49屆。根據《江原特別自治道申師任堂獎條例》，該獎項授予對象為「以品行賢良且恪守婦德的偉大母親之身分，在地方社會發展與繁榮鄉土文化上有巨大貢獻，堪為婦女楷模者」[26]。

賢母良妻的教育在民主化之後依然持續。直到最近，校園仍懸掛著「賢母良妻的搖籃」之類的標語，校訓也始終保留著「乖女兒、慈母」、「提升婦德」、「展現女性真面貌」等句子[27]。當然也有人提倡改變這一切。位在釜山的一所國中，便透過全校會議與投票修改校訓，將1977年創校時制定的校訓「聰慧勤儉的好女人」，於2019年修改為「聰慧溫暖的好人」[28]。

我們該如何評價賢母良妻教育的歷史呢？「賢母良妻」的女性形象，是開啟女性受教機會的鑰匙。可是，教育目標完全是為了貫徹性別分工，將女性的角色限制於家庭。表面上看似追求平等，但這是打從一開始就把女性的立足之地局限在家庭的教育。大概是因為這樣吧？人們一直堅信世界已經平等到女性可以上大學，但同時卻又說拿到大學文憑嫁進好人家是種理想人生。這個想法看起來如此熟悉與自然，甚至察覺不到任何矛盾。

假設女性教育的出發點不是「培養賢母良妻」，而是為了達成超越性別的「人類平等」，結果會是如何？時間倒轉到125年前的1898年9月1日，讓我們一起看看以李召史、金召史（「召史」是對良民妻子與寡婦的稱呼）之名發表的《女權通文》節錄。這是關於當時宣布開設民間創辦的女校與招募報名的文章，但主張女性教育之必要性的原因，與之前讀到的《獨立新聞》社論不同。

> 何故一個手足耳目與男子毫無相異的人，只能身處深閨煮飯備酒？……我們也要革舊從新（拋棄舊的，追隨新的），和他國一樣設立女學校，廣派女子前往學習各種技能與規矩、待人處世之道，使男女往後都成為相同的人……。29

文中提到，「女子是『與男子毫無相異的人』」。這篇文章聲明了教育的目的是「學習各種技能與規矩、待人處世之道，使男女成為相同的人」，而不是培養賢母良妻。這是韓國首次闡明女性平等權的女性人權宣言。為了紀念這項宣言，2019年制定的《兩性平等基本法》也將每年的9月1日定為女權通文日。如果可以秉持著《女權通文》的精神，實踐於過去120多年的教育，我們如今生活的這個社會是不是就能所有不同？

同性伴侶開啟的世界

起初以「賢母良妻」這個咒語開啟的教育機會，時至今日似乎已經完全對女性開放了。女學生在高中畢業後緊接著就讀大學的比例，自2009學年度起便一直領先男學生；這項差距更在2012學年度之後達到5%～7%。即使因為考量到男學生的重考率較高，我們必須更全面地剖析這項數據，但至少看起來「因為是女性」而無法上大學這件事，早已成為過去式[30]。只是，這種「同等」的教育機會，是否意味著整體的性別平等？

從各家媒體公布的國際比較指標來看，明顯呈現出韓國女性的教育機會並未延續至經濟、政治活動的不平衡現象。根據聯合國開發計劃署（UNDP）公布的性別不平等指數（Gender Inequality Index），2021年韓國的綜合排名雖是相對較高的第15名，但單看女性的經濟活動參與率是53．4%（男性為72．4%），排行第83名，在國會的女性議員席次為19%，排行第127名[31]。世界經濟論壇（WEF）公布的性別落差指數（Gender Gap Index），更加反映了男女在經濟、政治領域的差距，這也是韓國排名較低的原因——以2022年為準，韓國在全世界排行第99名[32]。

薪資差距更能清楚地呈現經濟層面的差距。在OECD公布的性別薪資差距（Gender Wage Gap）中，韓國自1996年加入OECD以來，已經連續27年占據第1名。然而，薪資差距的程度更如同排名一樣遙遙領先。從近期OECD的資料來看，在44個成員國之中，比利時、哥倫比亞、挪威等5國的性別薪資差距皆未達5%；阿根廷、瑞典、紐西蘭等16國則是未達10%；法國、墨西哥、美國等18國約為10%；日本、以色列等扣除韓國之外的其他4國，約落在25%以下。韓國的性別薪資差距是31．2%（以2022年為準）[33]。

女性因結婚、生產、養育等導致職涯中斷，被指出是韓國性別薪資差距的主要原因。根據統計資料顯示，女性在25歲後的就業率高於OECD的平均值，但在30+歲因職涯中斷而急劇下降後，於40+歲出現反彈，呈「M型曲線」。此外，相較於男性，女性的工作大多是約聘職與低薪勞動。以2021年為準，女性勞動者的約聘職比例將近50%（女性47．4%，男性31．0%），並且低薪勞動者的比例也較高（女性22．1%，男性11．1%）。擴大性別薪資差距來自多層次的原因，例如：女性人數比例高的職別，其勞動價值受到低估，以及即便是相同職別與職務，也存在無法解釋的歧視等[34]。

看完這些現實情況後，我們還能說教育是平等的，有問題的是勞動市場嗎？雖然就業平等理應隨著女性教育水平提高而自然地達成，其中卻存在著無法克服的限制。如同前文所示，相信學校提供的是平等的教育，卻長期以性別分工的概念來施行教育；而社會在維持性別分工的理念同時，又只想解決就業不平等，換來的便是進退維谷的困境。將家務責任託付給女性，同時又期望她們能夠為了薪資而勞動的環境造成雙重負擔，一旦承受不住這種雙重負擔時，女性會做出什麼選擇？

瑪麗．C．布林頓（Mary C. Brinton）與李東周觀察到，在像韓國一樣堅守傳統性別角色理念的同時，又歡迎女性參與勞動市場的國家，生育率尤其低迷。這是基於「常識」的結論——女性參與經濟活動本身並不會降低生育率，而是身處於依然將家務勞動的責任託付給女性，導致她們負擔過重的社會，才會降低生育率[35]。這種現象也可能是在走向平等的過程必經的陣痛過渡期。社會統計學家布魯諾・阿爾皮諾（Bruno Arpino）等人透過27國的數據分析了性別平等態度與生育率間的關係，發現在一個國家嘗試擺脫傳統性別角色態度的初期，總生育率會出現下滑的現象。不過，總生育率會隨著社會落實平等意識後開始反彈，呈現向上攀升的U型[36]。

韓國也能很快在完全擺脫性別分工的理念後，開始看見生育率反彈嗎？截至目前為止來看並不樂觀。根據２０２１年的兩性平等實況調查，有68・9％的受訪者表示妻子為「全職或主要」負責家事與照顧者；即便是雙薪夫妻，也有超過60％的受訪者表示妻子為「全職或主要」負責家事與照顧者。同時，卻也有84・7％的男性與89・2％的女性同意「女性必須擁有工作以示獨立」[37]。這其中存在著二律背反的矛盾——一方面將女性參與經濟活動視為理所當然，另一方面卻始終拋不開性別分工的理念。在這樣的二律背反之中，不僅僱傭上的不平等持續存在，工作與家庭也都成為女性生活不穩定的因素。

在這個脆弱且矛盾的性別分工社會裡，同性伴侶的出現讓人開始思考跳脫傳統性別角色的世界。我於是好奇，在同性伴侶間也會區分僱傭勞動與家事勞動嗎？讓我們來看一看，自2001年起合法化同性婚姻與收養的荷蘭。伊娃・雅士培（Eva Jaspers）與艾倫・維巴科爾（Ellen Verbakel）根據1994年至2007年荷蘭統計廳搜集的勞動資料，比較分析了異性伴侶與女同性戀伴侶、男同性戀伴侶[38]。比較處於伴侶關係之雙方的僱傭勞動時間，將「完全分工」量化為0分，「完全均等」量化為1分；結果顯示，異性伴侶（0・41）的分工傾向最明顯。相較之下，女同性戀伴侶（0・67）的僱傭勞動時間較均等，男同性戀伴侶（0・72）則是最均等。

不過，如果是在有子女的情況下，同性伴侶的分工傾向也會變得明顯，但不平衡的程度並不相同。單就婚後擁有子女的伴侶來看，女同性戀伴侶（0・59）的僱傭勞動時間最為均等，接著是男同性戀伴侶（0・44），最後則是最不均等的異性伴侶（0・33）。有趣的是，異性伴侶即使沒有子女，處於婚姻狀態時的分工傾向也會比同居時來得明顯。男同性戀伴侶與女同性戀伴侶在沒有子女的情況下，同居與婚姻關係間的差異少得幾乎是沒有。研究結果暗示，長久以來將婚姻與性別分工自動產生連結的觀念，對異性伴侶來說更為根深蒂固。

諸如此類關於同性伴侶的研究，顯然是發生在當代的事，但在韓國聽起來卻依然如此不切實際。韓國社會至今仍在催逼著異性間的婚姻，似乎還在夢想有辦法實現性別分工的完美世界。只是，堅信性別分工的觀念，並盼望所有人過著幸福快樂生活的期待，會不會才是更不切實際的夢呢？是不是該趕快從這場「夢」醒來，擺脫這個不合理的社會？同性伴侶的出現，或許不是家庭的沒落，反而還是個轉機。然而，如同我們即將在下一章所見，按照性別分配固定角色的家庭劇本，正在以性教育的名義，透過比想像中來得更加深刻、穩固的方式傳授下去。

第5章　學習家庭劇本的性教育

對於「性」的恐懼

1933年8月27日，關於「13歲孕婦」的故事成為媒體報導的焦點。這起事件是平壤一名巡警在教導寄宿旅館的老闆女兒課業時，因「蹂躪貞操」導致年幼少女生下孩子，而該名巡警因為這件事遭到懲戒革職。一名教育界人士在接受媒體採訪時，感慨地表示「這是警界的天大災難」；接著，卻說出有些奇怪的話：「我認為，這件事對於有女兒的父母與學校來說是一次很好的警告。」[1]

當時，大家真的把這起事件視為「對於有女兒的父母與學校的警告」。三天後，也就是1933年8月30日，《東亞日報》刊載了以〈日漸頹敗的趨勢與「性教育」實現論的興起〉為題的報導。這篇報導的內容是關於京城府（現首爾）內的19所女子國、高中校長與訓導主任召開會議，討論性教育的必要性。這場會議的主題是：「管教女學生的紀律委員會」。關於當天的會議內容，報導如下：

由於學校未曾著手與性相關的實際教育，但迫於事態發展，性教育成為必

> 要；情況之嚴重甚至出現13歲少女成為人母等，歸咎於將性視為兒戲與節操敗壞，造成個人崩毀與社會道德淪喪之事層出不窮，因此（本會議內容是關於）必須尋求相應對策。[2]

於此，13歲少女的生產事件被形容為「將性視為兒戲與節操敗壞」的例子；同時，也因為是「造成個人崩毀與社會道德淪喪之事」，而提到必須以性教育作為對策。當天被召集的校長與訓導主任全都來自女子國、高中，性教育的必要性在這個場合是完全集中在女學生身上。假設是以今時今日的角度來看，顯然是該名警察犯下兒童性犯罪才對，但13歲少女的事件卻突然成為針對女學生進行性教育之必要性的契機。所謂的「性教育」，究竟是什麼？

數日後，《朝鮮日報》於1933年9月2日以〈如何守住女學生們的貞操帶？〉為題，刊載了來自各界的採訪報導。朝鮮職業婦女協會的崔活蘭表示：「學校必須實行性教育，教導（女學生）貞操像生命一樣重要……讓她們心生恐懼，守護對女人事關重大的貞操」[3]；一名醫學博士剖析：「『學校性教育不足』是近來女學生『隨便獻出堪比第二生命的貞操』的緣故」。這篇強調家庭也要管束學生的採訪報導，標題是〈永遠守身如玉〉[4]。

女子商業學校校長李某進一步強調了家庭的管束力，並對家長提出以下要求[5]：審視女兒的朋友是哪些人，稍有不妥便斷絕往來；檢查女兒閱讀的書籍，確保她沒有閱讀不好的書；讓女兒穿得簡單樸素；只給予少量的零用錢；限制外出，並且確實清楚女兒是為何外出才給予准許。同時，也主張必須在家庭進行與性相關的教育。雖然對於性教育是學校或家庭的責任歸屬存在不同見解，但雙方的共識都認為性教育是為了守護女性「貞操」，而「管束女性」的「教育」。

各位還記得哪些性教育？儘管對於女性「貞操」的議論不知道從何時開始就消失了，但對青少年性行為充滿危險的擔憂卻始終存在。如同90年前的這些報導一樣，一旦在青少年時期失去性方面的「純潔」，就會遭逢不幸的恐懼似乎一直圍繞在人們身邊。一般來說，教育是協助學生學習與關注、探索知識的過程。然而，性教育卻試圖讓人對性感到害怕，並且消除對性的好奇心。青少年時期明明是性發育旺盛的時期，但性教育卻得扛起讓青少年變得天真無邪的艱鉅任務。可是，各位有沒有想過，這股圍繞著性的常見恐懼究竟是為了保護什麼？

守護家庭理念

實際上，韓國解放後的性教育是以女學生為對象進行「純潔教育」。1968年7月，當時的文教部（現教育部）宣布在國、高中實行性教育[6]。《純潔教育綱領》已經籌備完成，並且自9月開始於女子國、高中實行；男子國、高中，則會在隔年開始逐步實行。此時，純潔教育的目的被認為是「導正錯誤性觀念，提早為日後經營家庭生活準備，避免發生任何差錯」[7]。雖然傳達關於性發育的科學知識亦有其必要性，但最重要的是將性教育當作引導節制的道德教育，提倡「在與異性結婚前『保持純潔』[8]」。

「純潔教育」的核心在於連結性倫理與家庭倫理。純潔教育說的「純潔」，不是終生禁止性行為，而是必須被限制於婚姻的框架之中。我們對於這種觀點的性教育相當熟悉，熟悉到甚至認為這就是性教育的初衷。然而，將性限制在既有家庭制度內，只是構成性教育概念的多樣方式之一。這種以家庭制度為中心的性教育雖然奠基於儒教，但主要是在基督新教被強調為重要教義。

其實，基督教教義在宗教改革之前是完全不一樣的。中世紀的基督教視性的慾望為罪惡，因此現在也能在天主教的傳統中，見到將終生不婚、禁慾視作最崇高的生活。後來，原本是天主教修士的宗教改革家馬丁・路德（Martin Luther）開始批判單身。他提倡男女間的性慾是自然的，且性在婚姻中是神聖的[9]。諷刺的是，基督新教的純潔教育一方面打破對性的禁忌，另一方面卻也促進了以異性戀婚姻為主的性倫理。

在美國，將性與婚姻產生連結的性教育發展得相當迅速。在1940～1950年代，性教育的發展是以婚前守貞為前提，教導關於婚姻、養育、家庭關係等「健康」的家庭生活；主張只在「婚內」發生性關係，是預防各種與性相關的「危險」的最好方法。後來到了1960～1970年代，在性革命的氛圍之下開始強調避孕，而不是禁慾；1980年後，隨著支持禁慾的呼聲再次響起，圍繞性教育的爭議更是從未間斷[10]。因此，基於基督新教精神的純潔教育，在美國會因應政治局勢而增強或減弱，至於「脫離婚姻制度之外的性關係不可取」的道德觀念則持續存在。

相反地，瑞典很早便採行了讓性教育與婚姻脫鉤的觀點。瑞典也曾在1944年發行的性教育手冊中，加入譴責婚前性行為的內容。然而，卻有人對此提出批判，認為「把性關係限制在婚姻關係內，與瑞典的實際情況不符，性教育的宗教化、道德化色彩過於強烈」。因此，當瑞典於1956年成為世界首個在公立學校實行義務性教育的國家時，便刪除了直接譴責婚前性行為的篇幅。儘管仍保留鼓勵青少年時期禁慾的內容，但這個部分也在1964年的版本中消失了[11]。

瑞典的性教育，旨在消除視性為罪惡與羞恥的情緒。唯有消除關於性的緊張，才有辦法完全去愛對方。因此，性理應被視作積極生活的要素，而不是需要避開的危險。對任何人來說，性應該是快樂的事。有人認為，沒有將性與婚姻結合在一起的瑞典模式是不道德、傷風敗俗。只是，瑞典模式認為的「道德」不一樣。瑞典模式更重視的是不替婚前性行為貼標籤、不強迫性行為符合特定框架、保障性是個人權利[12]。

韓國政府也曾試過要引進瑞典模式。2019年女性家庭部透過「本我兒童讀物」計畫，挑選了134種關於性教育的圖書分發給部分國小；其中包含1971年於丹麥出版的《寶寶從哪裡來？（*Sådan får man et barn*）》，以及2001年於瑞典出版的《如果一直被吸引（*Kärlekboken*）》。這兩部作品分別榮獲丹麥文化部兒童圖書獎，與瑞典兒童文學獎項「阿斯特麗德・林格倫文學獎」;內容講述性並不羞恥,愛是幸福且快樂的,以及世界上存在各式各樣的愛與生活方式[13]。

然而,正是因為這樣的內容引起了批評。2020年8月25日,某國會議員在國會教育委員會上,將包含這兩本書在內的部分獲選讀物視為問題圖書。這名國會議員認為《寶寶從哪裡來?》將身體與性關係描述為直接、愉快的事,憂慮可能導致兒童「提早性化」。至於《如果一直被吸引》一書,則是被認為「美化同性戀」;原因在於,書中提及「相似的人也可以相愛,像是兩個男生或兩個女生」。隔天,女性家庭部便從國小回收了包含這兩本書在內的七部圖書[14]。

韓國社會從來不認為性教育沒有必要。至少在這九十多年來,一直有人提出性教育的必要性,所以實際上性教育相當受到重視。不過,性教育之所以被認為必要,並不是像瑞典模式一樣,是為了消除圍繞著性的罪惡感與羞恥感,並且保障個人的性權利。從關於性教育的議題經常被反覆提起這點來看,顯見這與瑞典模式完全相反,其主要目的反而是向人們灌輸對於性的罪惡感與羞恥感,藉此讓人盡可能遠離性。

如同本章引言所示,守護女性的「貞操」在20世紀初期是相當重要的目標。1970

年代，一方面提倡性教育，另一方面卻憂心青少年的「墮落」、「傷風敗俗」、「私生子女」等，由「不純潔異性交往」引起的「悲劇」。到了1980年代，性教育也被強調是應對「錯誤性行為」與「未婚媽媽問題」的對策[15]；於是，對性的恐懼推動了性教育。其實，並不是所有的性教育都是如此。在始於1960年代的家庭計畫中，出現了觀點開放的性教育：「將性視為一種享受」[16]。不過，這是在為了已婚夫妻進行生育調節，而推行的「家庭計畫」範圍內提出的討論。讓青少年接受性是愉悅且多元化一事，並沒有成為正式的性教育[17]。

如果青少年對於性的恐懼，其實是源自為了在婚姻制度內發生性行為的目的呢？正如在第2章討論過的，社會透過認為人必須在婚姻框架內出生才合法的制度，構建了父權制的家庭秩序；亦如第3章所示，社會向脫離被認可的家庭秩序的生產與出生貼上標籤，將一切不幸歸咎於個人，而不是修正家庭制度的不合理。於此，作為「純潔教育」的性教育，助長了對於婚姻制度外性關係的恐懼，禁錮心靈使人們不得脫離既定的家庭劇本。

性教育也藉由從小開始熟悉性別角色的區分，提供維持家庭劇本的重要基礎。韓國在２０１５年由教育部製作的《學校性教育標準案》中，一再出現強調性別差異的內容。在國小低年級的課程中，談論「男女的生活方式差異」；在國中的課程中，教授的是「男女性別意識的差異」；在高中的課程中，「正面看待與讚揚對方的性別角色與功能」被視為「正確的性別價值觀」之一。在描述男女性反應差異時，更提出關於「男人抗拒不了裸體（nude），女人抗拒不了情調（mood）」的資訊[18]。

將性別差異視為自然、固定不變的性別本質主義（gender essentialism）論點，以教育之名持續存在。即使我們總說每個人都是地球上生而平等的人，卻被「男人來自火星，女人來自金星」[19]的矛盾說法馴服，深信不同性別的人註定擁有不同命運。如果以性別本質主義的觀點看待這個世界，今時今日所見到由性別差異形塑的社會、歷史脈絡都會被抹除。取而代之的是，接受為父權制設計的性別角色「本來就是這樣」、「理應如此」，喪失對以性別為由分配角色提出質疑的能力。

性教育經常被批評沒有效果。如果性教育的目標，旨在培養一個人具備足夠的能力，在從事與性相關的行為時能尊重自己與他人，並且做出負責任的決定，那麼一直以來的威嚇式管教並沒有太大的幫助。不過，性教育到目前為止確實有顯著的「效果」。

假設性教育的目標是為了阻止人把性視作權利，並強迫個人遵從社會規定的家庭秩序，那麼其成果的確十分忠於原有的意圖。或許，更準確的說法是，我們一直以來接受的是為了維護家庭理念的「家庭理念教育」，而不是「性教育」。

「家門之恥」

雖然這是一代又一代不斷重複的事實，但青少年並不是「天真無邪」。根據2018年韓國女性政策研究院以國中生為對象進行的調查顯示，49．2%的受訪者有過戀愛經驗，而第一次戀愛的平均年齡落在11．6歲。戀愛對象是異性的女學生占86．7%，男學生占94．2%；戀愛對象是同性的女學生占12．1%，男學生占4．1%。在有戀愛經驗者之中，有67．1%曾經有過肢體接觸，其中包含牽手、輕吻到深吻、性行為。分別有26．1%與30．7%的受訪者，表示曾對自己的性別認同與性取向有過疑慮[20]。

關於青少年的性關係，可以透過韓國教育部與疾病管理廳公布的「青少年健康行為調查」得到更進一步的瞭解。以2021年為準，5．4%就讀國、高中的青少年有過性經驗，光是高三就占了10．7%（男學生13．5%，女學生7．6%），相當於每十人就有一人有過性經驗。有性經驗的青少年平均在14．1歲開始性行為，其中有65．5%的人有採取避孕措施。此外，0．2%的女學生受訪者曾經懷孕[21]。以同年數據為準，國、高中全體女學生的人數為127萬8000餘名[22]，因此可以粗略估計約有2500多名女學生曾經懷孕。我們會在接下來的篇幅更深入討論，但重要的是必須記住一點——許多懷孕的青少年都因此離開了校園。

如果青少年懷孕了，會發生什麼事？即便每個人的情況不盡相同，但多數青少年們似乎都會先選擇向父母隱瞞懷孕的事實。根據林金玉、徐美亞教授的研究，受訪的青少年們表示他們隱瞞懷孕事實的原因，來自於對父母的恐懼。他們只要一想到「該怎麼向媽媽說這件事？被媽媽知道了，她會不會殺了我？」、「爸爸知道這件事的話，說不定會殺了我」，便對此心生畏懼[23]。

雖然父母不會真的殺死自己的孩子，但免不了嚴厲的斥責，更嚴重的情況甚至會將孩子趕出家門、斷絕聯絡，索性當作「沒生過他們」。父母強迫終止懷孕或找人收養的情況也很多[24]。因此，一旦青少年懷孕了，並且打算不顧父母反對生產與養育孩子時，實際上就得做好與父母斷絕關係的準備。

不過，是不是有點奇怪呢？站在父母的立場，面對青少年突然懷孕確實有可能會慌張、擔憂，但該怎麼解釋為此責備與趕他們出家門的行為呢？再加上，當青少年決定生產、養育孩子時，理應更加需要來自周圍的幫助才對，那為什麼父母反而在孩子人生中特別需要幫助的時刻，選擇與孩子斷絕關係呢？

青少年性少數者的情況也一樣。根據2014年國家人權委員會進行的〈性取向與性別認同的歧視實況調查〉，僅有13．5％、4．5％的青少年會將自己是性少數者的事實告知母親、父親[25]。他們選擇隱瞞事實的原因，在於害怕自己與父母的關係生變。青少年性少數者不僅得聽到像是「我辛辛苦苦把你養大，你怎麼可以這樣？」、「為什麼要讓父母丟臉？」之類的斥責與埋怨，與父母的關係也會嚴重惡化，甚至還會為此離家[26]。對於青少年來說，離家是關乎生存的問題。

當然不是所有家庭的故事都是如此。只是，父母經常會對懷孕的青少年，或被認為在性方面「異常」的青少年做出反應——期待崩潰的失望與挫敗感交織混雜後，形成激動的情緒竄湧而上，隨之爆發的羞恥感與憤怒，演變成為對青少年的暴力相向，甚至將他們趕出家門。從青少年的立場來看，為了避免這類「可預見」的風險，盡可能對自身情況保持沉默，或許才是比較明智的做法。家庭裡的性規範就是像這樣，是「無法啟齒」的、是絕對的，脫軌的結果更是無比殘酷。究竟該如何解釋家庭的這些反應呢？

有時也會以玷汙家族名譽、損害威望為由訴諸暴力。儘管這些暴力事件存在無法精確統計的局限性，但在亞洲、非洲、美洲、歐洲等世界各地都有相關的報告[27]。聯合國大會三度通過決議，呼籲國際社會共同努力杜絕加害者以「名譽」之名的犯罪行為[28]。假如各位對於有人嚷嚷著「左鄰右舍的臉都被你丟光了」，並使用可怕言詞責罵自己孩子的場景不陌生的話，那這些顯然不是完全事不關已的故事。不妨試著回想一下，什麼時候會出現這些畫面？

「家門之恥」主要是指女性「不像女人」，意即與女性的「性」有關[29]。例如：女性的服裝不「端莊」，或是和「外面的」男人見面、未婚卻發生性關係等。因此，以家族名譽為由遭受暴力對待的被害者，大多是女性。在這種情況下，家人是直接的加害者，但來自四面八方的品頭論足卻也提供了重要的起因。這些被稱為「左鄰右舍」的人們會窺探別人的家，並且利用關於該戶人家女性的言行傳聞羞辱整個家庭，進而導致家庭內的暴力。很奇怪的一點是，為什麼家門之恥與女性的性有關？甚至還強烈到家人需要對女性暴力相向的程度。

喬恩・佩頓（Joanne Payton）於著作中解釋，家庭在追求家庭共同體生存與繁榮的名義下，會引發以名譽為由的暴力[30]。假設這裡有個以男性血統作為傳承根據的家庭體制。當一個家庭想與另一個家庭建立親屬關係時，雙方必須透過聯姻的方式。此時，為了與條件好的家族成為姻親，女性即成為這場交易的重要資本。在這場「交易」中，作為象徵性資本的貞潔，便成為女性適婚價值的重要擔保。萬一女性失去貞潔或是表現不佳，在婚姻這場交易就會變得不利。因此，女性的性左右了整個家族的興衰。

於是，參與控制女性的性，現在成了整個家族的事。家中制定了嚴格的性規範，規定女性必須矜持與純潔。男性為了捍衛家族的名譽，擔任起控制女性身體與性（sexuality）的「保護者」角色。顧名思義，名譽是極為重要之事，因此傳聞的真偽與否似乎就不那麼重要了。即使不是真的，但單憑女性的言行引起傳聞本身，已經足以成為問題；反之，就算是真的，但只要有辦法阻止傳聞，便沒有必要使用暴力[31]。

令人無奈的是，從某種程度上來說，家庭藉由暴力捍衛的所謂名譽，實際上是「婚姻的可能性」。我們可以將此理解為，這種現象反映出家族命運取決於婚姻的歷史脈絡。在這種家庭體制之下，暴力似乎有其正當性——這可以被解讀成適當「懲罰」造成家族名譽掃地的人。如此一來，整件事便出現被害者扭轉成為加害者的現象[32]。然而，更難以理解的是，儘管這樣的歷史脈絡逐漸褪色，情緒與習慣卻依然留存。譴責女性的言行或聲稱保護女性的性的體制，從古至今始終存在。

時至今日，女性在日常生活中仍受到家庭廣泛的約束，像是關於服裝、外出、戀愛等。從以懷孕的青少年為恥並試圖隱藏事實的家庭來看，便能發現性規範與家族名譽依然息息相關。由於性規範十分嚴格，所以女性的言行很容易被定義為「脫序」、「傷風敗俗」，而如此嚴格的性規範也使女性在社會上處於弱勢。在這樣的社會，一些男性會帶頭「保護」女性的性，另一些男性則是利用女性易因性遭受批判的弱點進行性犯罪。儘管這兩種行為看似互相矛盾，卻也正是源於古老家庭制度的一體兩面。

家庭對於性少數者的激烈反應，同樣可以解讀為源自相同脈絡。性少數者，顯然是撼動性別角色規範與異性婚姻穩固性的存在。站在家庭的立場，這相當於違背了一切家庭秩序，讓整個家族蒙羞，甚至可以被稱為嚴重的家門之恥。在以男性為中心的家庭制度裡，男性是性少數者尤其被視為切斷血統繼承可能性的重大危機。這也許就是為什麼比起女性，男性間對於性少數者的反應更為負面。在前文提及的韓國女性政策研究院調查中，當認知到自己是性少數者時，男學生比女學生更傾向否認與隱瞞，而且男學生也明顯比女學生更排斥性少數族群的同儕[33]。

實際上，人們不可能表達對家人的憤怒，又同時在腦海中計算「婚姻的可能性」或「交易」。只是，當有人在不知不覺間脫離了長久以來堅信是理所當然的家庭秩序時，人們確實就會被焦慮的情緒籠罩。諸如此類的憤怒與排斥，既是控制家庭制度偏差的武力，更是維持父權制的精密齒輪。因此，單純地認為父權制會隨著女性教育與就業的進步而逐漸消失，會不會是太過不切實際的期待？父權制至今仍藉由家庭對家人行使性的控制與殘忍的暴力苟延殘喘著。

端正風紀？

在性規範之中，不只家庭視「脫序」青少年為恥辱。學校同樣會以「損害名譽」為由，懲戒與開除學生。2021年大田學生人權條例制定運動部全面調查，並公布關於大田地區150所國、高中的學生生活規範。調查結果顯示，超過一半的學校限制異性交往，其中國中占52．3％、公立高中占67．6％、私立高中占53．6％；更有學校認為異性交往是傷風敗俗，並以此作為退學的理由[34]。懷孕的學生可能會因此被強制退學，但在這種氛圍之下，也難怪多數人會選擇悄悄離開學校[35]。

在這些調查中，有個單字特別引人注意——「風紀」。聽起來就像古早詞彙的這個單字，至今仍留存在不少學校裡。國家人權委員會於2016年檢視了全國國、高中校規的調查結果顯示，發現校規內容出現了只要是來自「不健康」、「不雅」的異性交往造成的「傷風敗俗」與「社會爭議」，並且「損害校譽」的話，即可構成懲戒的原因。相關規定的例子如下：[36]

・因男女間的傷風敗俗引起爭議的情況
・因不健康的異性交往擾亂風紀的學生
・於校內與異性牽手擾亂風紀的學生
・因不健康的異性交往引起社會爭議的學生
・因不雅行為損害學校名譽的學生

校規提到「異性交往」，並不意味著「同性交往」是被允許的。根據2014年〈性取向與性別認同的歧視實況調查〉，在參與調查的青少年性少數者中，有4・5%曾在學校經歷所謂的「離叛檢閱」，即是要求學生們寫下同性戀者的姓名以利「搜查」這些人。此外，亦有報告指出學生曾因同性交往或「不像女人／不像男人」而受到扣分、休學、建議自行退學、退學等懲戒[37]。按照上述的校規，顯見「性少數者」這件事本身已經足以被認為是「傷風敗俗」。

除了戀愛之外，學校也約束頭髮、服裝等有關身體的部分。在前文提到的大田地區調查中，86・7%的國、高中有列出像是頭髮長度、燙髮、染髮等頭髮相關規定。有些學校要求女學生必須得到校長允許才可以穿褲子，或限制褲襪的顏色與圖案。根據國家人權委員會的學生人權實況調查，在參與調查的國、高中學生之中，超過一半以上的人認為學校限制了頭髮長度與造型。此外，不少學生也表示學校限制裙子／褲子長度或寬度、限制攜帶化妝／美容產品或機器，有些學校甚至限制內搭T恤與襪子的顏色[38]。

在這些之中的任何一件事都不構成傷害他人或犯罪。懲戒的原因，是違反了「風紀」的道德規範。根據《標準國語大辭典》，「風紀」指稱「關於風俗習慣的紀律」、「尤其針對男女交往時的分寸」。這裡說的「風俗」，是「自古以來流傳於生活各方面的習慣」；所謂「風俗習慣」，即是「兼指風氣與習慣的詞彙」，而「紀律」，則是被定義為「在道德上成為群眾行為標準的秩序」。簡單來說，「自古以來流傳下來與生活習慣相關的道德標準秩序」便可稱為「風紀」。

雖然不清楚為什麼學校必須遵守「自古以來流傳下來與生活習慣相關的道德標準秩序」，但很古怪的是，如此堅守的所謂「秩序」，竟與維護家庭秩序的性規範不謀而合。學校同樣適用家庭倫理，像是避免無論異性或同性的性關係、衣著得體、行為端正等。一旦學生違反了這些規範，就會導致學校威望下降、損害名譽的邏輯，導向犯規者必須受罰的結論。

這件事相當奇怪。學校與學生的婚姻可能性或家族聲譽間，不存在任何利害關係。學校難道不是教育學生學習社會生活必要的知識與技能、啟蒙個人天賦與開發潛力，使人具備公民素養以利在共同體好好生活的機構嗎？既然如此，為什麼學校如此積極參與保護家庭倫理這件事呢？如果學校認為個人受教權比維持家庭秩序重要，便不會以學生懷孕或戀愛為由，剝奪其接受教育的機會。畢竟，學校是教育機構，而不是家庭。

然而，卻有不少人相信學校理應是管控性相關層面的執行單位。每當地方政府推動保障學生權利的學生人權條例時，總會引起激烈的反對，主要原因是認為此舉會助長性風氣敗壞。這裡的性風氣敗壞，主要是指同性戀與懷孕／生產。舉例來說，２０１８年在慶南學生人權條例公聽會的現場便出現了「讓學生性交、懷孕生產是什麼意思？」、「鼓吹性關係、懷孕權、同性戀……助長摧毀兒童與青少年的校園」等抗議舉牌與布條。這些反對聲浪，最終導致學生人權條例的制定告吹[39]。

與此相反的是，振興品德教育的《品德教育振興法》，在國會獲得１９９名出席人員的全體一致通過，並自２０１５年起實行至今。被稱為世界首創[40]的這項法律，旨在

「培養品德健全、端正的國民，為國家社會的發展做出貢獻」。品德教育的核心價值與道德準，則是秉持「禮、孝、正直、責任、尊重、關懷、溝通、合作的心態與為人」。不僅是民主社會公民的道德準則，亦囊括了源於儒教思想的禮與孝。根據這項法律，幼兒園與國小、國中、高中每年都必須制定品德教育計畫，以及實行教育、組織與實踐以核心價值與道德準則為中心的教育課程[41]。

這裡實行禮與孝教育的意義，令人有些懷疑是否僅是單純地為了教導人與人之間的禮儀，或是對父母的尊敬。我們無法忽視這些以「品德」為名的教育，其目的是在於使人們將儒教的家庭秩序視為基本道德。正如維新時代的歷史般，當時即是透過強調「忠」、「孝」的官方教育，試圖培養順應國家權力的極權主義國民。我們是否應該思考一下，今時今日不斷重複基於階級與服從的家庭理念，為的是追求什麼樣的社會？

學校一直以來都扮演著雙重角色——既強調《憲法》價值的性別平等與受教權，同時又守護基於父權制的家庭制度。如前幾章所示，很大程度源自儒教搭配部分基督教的家庭秩序，是把一切建立在性別二分法的基礎之上，將異性婚姻與生產視為神聖義務，並且教導遵循性別角色固定的家庭劇本。於是，學校一方面藉由關於傷風敗俗的校規約束性，另一方面則是透過性教育灌輸「偏離既定家庭劇本的人生等於丟臉」的恐懼，讓「傳統」的家庭制度得以歷經民主化歷史的動盪仍始終完好如初。

聯合國教科文組織提出「全面性教育（Comprehensive Sexuality Education）」作為性教育的國際標準。同樣涉及「家庭」議題的全面性教育，卻是以家庭存在多元型態一事作為出發點。嘗試以「多元戀愛、婚姻、教養」是「由社會、宗教、文化、法律形成」的脈絡實行教育，而不是強迫遵循既有的家庭秩序。不再盲目地接受固定的性別角色，而是引導人理解社會是如何形塑性別角色與性規範[42]。這麼做的目的在於促進批判性思考的學術方法，而不是理念的灌輸。如果學校很難實踐這樣的性教育，或許我們得先提出最根本的問題——學校的目的是什麼？

第6章　家庭劇本不平等

如果問題不在性別，而是收入

讓我們回想一下第4章開頭介紹的「兩個媽媽」的故事。1993年，是同性婚姻在美國麻薩諸塞州不被承認的時期。即便如此，法院依然判決認可海倫與蘇珊共同收養塔米。海倫與蘇珊都是被歸類為專業人士的醫師，而且還繼承了家中的遺產，在經濟方面相當富裕。兩人在一間好房子一起照顧塔米，身邊也有友善的鄰居與同事。換作自己是法官，似乎也找不到反對兩人收養的理由。或許，這就意味著性別不是考量照顧者資格的關鍵。

在現有的家庭模式中，需要兩個不同性別的人作為照顧者有其原因。如同第4章所示，家庭一直以來都是遵循性別分工的模式。假設是以男性透過僱傭勞動養家、女性負責家事勞動的性別角色作為前提，那麼只有父母都在時，才有可能完整養育子女。從這層意義上來說，當出現既有經濟能力又能共同分擔家事勞動的兩個媽媽，便帶出了關於家庭在本質上的問題。如果關鍵不在性別，那是什麼讓一個家庭成為家庭？

在「兩個媽媽」的故事中，性別之所以不成問題的重要原因，在於兩人完全具備維持生計與照顧孩子的能力。撇除宗教或浪漫的形容詞，單就功能上來說，家庭就是「維持生計與提供照顧的單位」。既然如此，那就意味著一個家庭需要男人，是指能負擔家計的男人角色，需要存在的不一定是生理男性；就像家裡需要女人，可能也只是期待能有一雙提供照顧的手。

其實，就算不說得這麼複雜，我們也都很清楚結婚生育並不是家庭的全部。如果這是個只要結婚生育就能過著無憂無慮家庭生活的世界，那麼大家都不必像現在一樣，將低生育率視作國安危機議論紛紛了。正是因為家庭的經濟條件足以決定一個人的人生，結婚生育才會變成一項難題。就像第5章提過的家庭以名譽為由訴諸暴力的現象，歸根究柢也是源自追求家族興旺的欲望。如果家庭是生存的單位，「條件」就很重要了。

這裡出現了一個有趣的問題。既然家庭是經濟上的生存單位，那麼由男性間組成的家庭不是應該比異性伴侶來得更有利嗎？就像第4章提過的，根據2022年OECD的數據，韓國男女間的薪資差距是31．2％。統計廳公布，從事僱傭勞動的男性的平均收入是389萬韓元（以2024年8月為準，新臺幣兌韓元匯率約為41．6）、女性的平均收入是256萬韓元，兩者相差1．5倍（以2021年為準）[1]。既然如此，假如不只異性伴侶，而是連同性伴侶也組成家庭的話，是不是就會因為性別結構導致經濟層面產生差距？

為了解開這個疑惑，首先得檢視一個問題——無論性別為何，薪資會不會因為是性少數者而更低？公共政策及管理學者馬里卡．克拉威特（Marieka Klawitter）分析了31個國家於1995年至2012年間針對這個問題發表的論文；這些論文使用從歐洲、北美、澳洲等地搜集的數據。研究結果顯示，同性戀男性的收入平均比異性戀男性少11％；不過，同性戀女性的收入平均卻比異性戀女性多9％[2]。後來，勞動經濟研究學者尼克．卓達基斯（Nick Drydakis）在分析24個國家於2012年至2020年間發表的24篇論文時，也發現類似的模式[3]。換句話說，同性戀男性的收入通常比異性戀男性低，而同性戀女性的收入則比異性戀女性高[4]。

那麼，當這些人以結婚或同居形式一起生活時，以家庭為單位的所得差距會變得如何？在加拿大衛生部每年實行的健康調查中，詢問了關於性取向與家庭所得的問題。經濟學者瑪麗安．迪爾馬加尼（Maryam Dilmaghani）根據自2008年至2012年搜集的健康調查數據，比較不同性取向的家庭所得。分析結果顯示，男同性戀伴侶的家庭所得最高，接著依序是異性戀伴侶、女同性戀伴侶[5]。由於加拿大是在2005年承認同性婚姻，因此有必要考量到性少數者在這段期間受到的歧視減少的可能性。但就伴侶的角度來看，結果顯示由男性間組成家庭的男同性戀伴侶較具優勢。另外還有一點，加拿大於2008年至2012年間的性別薪資差距約為20%[6]。

海倫與蘇珊的時代已經過去，目前全世界有34個國家承認同性婚姻（以2023年5月為準）；在荷蘭、西班牙、加拿大、南非共和國、瑞典、葡萄牙、阿根廷、巴西、法國、烏拉圭、紐西蘭、英國、美國、芬蘭、德國、澳洲、臺灣、智利、古巴、墨西哥等耳熟能詳的國家，同性伴侶都過著結婚成家的生活。在地球上的許多地方，無論性取向如何，都已經成為人人皆能組織家庭的平等社會。不過，如果性別薪資差距會呈現在家庭間的所得差距，平等仍是一項未完成的課題。更何況，假如同性婚姻在像韓國一樣性別薪資差距較大的國家被承認，家庭所得差距會是如何？或許會因為對性少數者的歧視程度嚴重，而產生一些抵消效應，但這同樣也是需要解決的課題。

由於同性婚姻在韓國尚未被承認，所以在這點上可能會出現兩種相反的反應。假設擔心的是家庭所得差距，那麼應該減少性別薪資差距，還是反對同性伴侶成家？也許會有人反問「不是理所當然應該要減少『性別薪資差距』這個根本的原因嗎？」但實際上比起不平等的結構，人們更在意的是家庭的組成。如同第5章所示，人們將婚姻視為「交易」，毫不掩飾試圖藉由家庭的組成獲取有利經濟地位的欲望。不妨思考一下，在這個除了性別之外，因各種原因存在所得差距的社會，我們是如何組成家庭？接著再想一想，如果家庭的不平等是問題所在，那我們該改變的又是什麼？

物以類聚

「未婚男女票選的擇偶條件？」

某婚友社以2021年為準，公布一份25歲至

	丈夫	妻子
身高	178.9 公分	163.2 公分
年收入	6,224 萬韓元	4,145 萬韓元
資產	2 億 9,117 萬韓元	1 億 8,853 萬韓元
年齡差距	年長 2 歲	年幼 2.7 歲
學歷	4 年制大學畢業	4 年制大學畢業
職業	公務員、工程師	一般文職

39歲的未婚男女心目中的「理想對象」。根據調查結果製作而成的假想丈夫與妻子條件如上頁表：[7]

既然這是「理想」的標準，所以我認為應該是高於實際平均的條件。理想與現實，兩者間的差距有多少呢？以2021年為準，初婚平均年齡為男性33．4歲、女性31．1歲[8]，因此接下來也以相應的年齡層作為檢視標準。首先是身高，婚友社公布的理想丈夫身高是178．9公分，理想妻子身高則是163．2公分。相較之下，30+歲的實際平均身高為男性174．7公分、女性161．8公分（以2021年為準）[9]。理想標準比實際略高些，但似乎不至於是難以找到交往對象的過高期望。

收入的部分又是如何？調查資料顯示，理想對象的年收入為丈夫6224萬韓元、妻子4145萬韓元；以月薪計算，丈夫約為519萬韓元、妻子約為345萬韓元。然而，以2021年30～34歲勞動者的實際平均月收入來看，男性為352萬韓元、女性為307萬韓元（薪資中位數分別為320萬韓元、271萬韓元）[10]。理想值遠高於平均值；尤其是男性，差距約為167萬韓元。實際上，看起來沒有那麼容易遇到月薪落在500萬韓元左右的對象。在30～34歲的族群中，月薪450萬韓元以上者屬於前18．5％、550萬韓元以上者屬於前10％[11]。

或許這麼說聽起來有些冷漠，但其實想像理想的擇偶對象並沒有什麼意義。像電視劇或童話故事一樣，萬中選一地與人人稱羨的理想對象墜入愛河的故事，很少會發生在現實世界。大家都心知肚明，在現實生活中選擇結婚對象的範圍並不大。即使自己符合「理想丈夫」或「理想妻子」，可能依然沒什麼選擇權。在電視劇裡，豪門望族不是往往會更強烈地反對婚事嗎？

讓我們來看看擇偶的現實情況。以教育程度作為標準時，過去男性教育程度高於女性的「上嫁婚姻」較多。在1970年代的30＋歲夫妻中，51．5％是上嫁婚姻；教育程度相同的「同質婚姻」為45．9％，女性教育程度高於男性的「下嫁婚姻」僅有2．5％。然而，隨著時間的推移，女性的上嫁婚姻減少，同質婚姻與下嫁婚姻則變得愈來愈多。在2015年的30＋歲夫妻中，上嫁婚姻減少至26．8％、同質婚姻更成為最常見的婚姻型態（54．4％）。在教育程度普遍提升的情況下，選擇與自己類似的對象交往或結婚的情況，尤其隨著女性教育程度提升而增加[12]。

同質婚姻的增加，是否代表韓國社會變得比過去更加平等？從某種層面來看，確實如此。相較於男性占優勢的上嫁婚姻關係，似乎可以稍微走向更對等、更民主的配偶關係。同質婚姻關係的夫妻，在社會歷練或文化品味方面存在一定程度的共同點，或許就是因此有利於在沒有異質感的狀態下繼續一起生活。尤其是當雙方都是大學畢業的高學歷伴侶時，無論是任何一方找到工作都不足為奇。只是，將同質婚姻與平等畫上等號，其實存在幾個問題。首先，我們先想一想關於第4章提過的性別分工，在高學歷伴侶身上實踐的可行性愈高的現象。

按照同質婚姻的傾向，大學畢業的女性很有可能與大學畢業的男性結婚，也就是「高學歷同質婚姻」。在這樣的關係裡，也許就會出現平等、彈性的分工模式。可是，女性職涯中斷的情況，同樣會發生在大學畢業的女性身上。2019年，保健社會研究院以結婚七年內的新婚夫妻（19～49歲）作為對象，實行了「青年世代的結婚生育傾向調查研究」。研究結果顯示，67．7%大學畢業的女性在結婚當時有工作，卻在後來參與調查時下降為44．0%；82．7%大學畢業的男性在結婚當時有工作，而後來參與調查時也能繼續維持80．8%的持平水準[13]。

女性反而更有可能因為高學歷辭職。從研究結果來看，丈夫的收入愈高，妻子的經濟活動參與率愈低[14]。雖然同質婚姻傾向會出現在所有所得階級，但女性必須在家庭收入低時工作，而此時的女性主要是約聘職，根本無法大幅提升家庭所得。相反地，高學歷同質婚姻的女性可能因為丈夫的收入高，所以具備不工作也無妨的條件。再加上，如果正處於養育子女的階段，或許也會認為作為全職主婦專注子女教育，對家庭才更重要或更必要。

因此，統計結果也顯示大學畢業的女性大多會離開職場。第4章曾提過女性整體就業率呈現M型曲線，20＋歲時高、30＋歲時低，到了40＋歲時又變高。以教育程度在高中畢業或以下的女性為例，通常在20歲出頭時面臨就業困境，25∫35歲時就業率下降，但40歲以後的就業率則高於20＋歲時。反之，儘管大學畢業的女性起初的就業率高，但由於職涯中斷後重返職場的狀況不太順利，因而造成前峰較高的M型曲線（亦可稱為L型曲線）[15]。雖然這種現象是因為很難找到像職涯中斷前一樣好的工作，卻也間接意味著存在一個可以選擇成為全職家庭主婦的環境。

高學歷同質婚姻最重要的效果是對子女的影響。從大學畢業這點再進一步觀察，當來自頂尖大學的菁英們聚在一起，階級的影響力也變得更加明顯。子女利用照顧者的資源，累積豐富的文化體驗、建立廣闊的社會關係，並獲得有利的機會。假如照顧者之一是全職家庭主婦，或是在工作上有比較大的彈性，便能投入更多時間與子女相處，提升父母對孩子提供資訊與奉獻的能力。當經濟條件或社會背景類似的照顧者們聚在一起交流資訊與機會時，即形成劃分階級的排他性群體[16]。雖然本意並非如此，但同質婚姻確實具有階級複製與強化不平等的效果。

近來，學者們對於彷彿重回中世紀般的社會階級化與世襲現象提出尖銳的批判[17]。現代社會的階級複製表面上看似合法、公正。物以類聚的菁英階級聚在一起形成中產階級，透過累積的財富與人脈壟斷通往高收入的教育機會，藉此讓子女世襲階級。這裡有一點很重要的是，一切過程都是以「家庭」之名達成。大家或許認為這不過是依循最佳選擇走入婚姻，然後扮演好照顧家庭的角色而已，但結果卻是階級的世襲。究竟是什麼讓家庭制度出現這種情況？

扶養義務的兩種樣貌

假設你中了樂透貳獎，獲得一筆5000萬韓元的橫財。不清楚一起生活的室友是否知道這個消息，但對方向你傾訴自己雖然考上研究所，卻很煩惱學費和生活費。對於平常總是一手包辦做飯、打掃的室友一直心存感激的你，二話不說拿出1000萬韓元，作為贈與對方的學費與生活費。如果國家知道你這麼做的話，結果會是如何？是不是會頒張獎狀，表揚你在世態如此炎涼的現今時勢還願意做出利他的行為呢？從法律角度來看，大概會收到稅務相關的通知——適用1億韓元以下的課稅標準10％稅率，預計會對室友徵收100萬韓元贈與稅[18]。

如果兩人的關係不是室友，而是在法律上具有「扶養義務」的家人，故事可就不同了。受贈人可以在免稅的情況下，將獲贈的金錢全數用作學費與生活費。這個部分在後面會更詳細討論，但大家普遍認為特定家庭成員間存在扶養義務，因此國家不會對社會傳統上認定的生活費或學費課稅[19]。既然法律規定家人間必須互相扶養，那對履行義務的人課稅就會變得很奇怪。相反地，在沒有扶養義務的情況下，便會向無償受贈人課稅；目的是將部分的不勞利得重新分配給社會。

如果將家庭視為經濟共同體，乍看之下確實合理。不過，這也有點奇怪。就從家人身上得到的金錢也是不勞利得這點來看，其實兩種情況沒有區別。受贈人同樣是難以獨力負擔學費與生活費的情況，但得到父母的支援則不必繳稅，從滿懷感激的室友手上獲贈這筆錢卻得繳稅。當然了，假設收到來自父母的教育費或生活費超乎正常範圍，同樣會被徵收贈與稅，但這種情況往往也能享受一定程度的減免優惠[20]。姑且不論在現實生活要遇到這種知恩圖報的室友就像中樂透一樣困難，但擁有經濟條件寬裕的家人，絕對是一大優勢。

藉由家庭實現階級世襲，與這種幫助家人間共享財產的制度不無關係。有別於一般的社會關係，以「扶養」的名目在家人間流動的財富相當自由。在必須以勞動作為代價爭取收入的競爭社會裡，家庭就是可以理直氣壯要求不勞而獲的世界。以這種方式設計的制度，對於經濟富裕的家庭更加有利。舉例來說，具備充足財力支付教育費用的家庭，不僅能獲得教育費相關的減稅，子女也有很高的機率繼承父母的社會與經濟地位。此外，父母忠實履行對子女的扶養義務，在道德上也會被肯定為優秀的照顧者。

也許有人會認為頂多就是免稅或減稅而已，稱不上什麼優惠。一般來說，只有國家直接提供資金的方式才會被大家視為補助，但有時減稅也能得到一樣的效果。就像在年度結算時的扶養免稅額，同樣有間接補助扶養費用的效果。不過，後者是唯有既得利益者才能享受的優惠；否則的話，基本上與優惠沒有任何關係。再加上，假如無法從家人那裡得到生活所需的費用，而是得從他人身上得到這筆費用，可能還得支付利息或稅金，形成貧窮還必須付更多錢的諷刺狀況。

於是，「扶養義務」的作用，對窮人來說完全不一樣。首先，思考一下必須扶養的家屬範圍。根據韓國《民法》，具扶養義務者包括配偶、直系血親及其配偶（子女、父母、祖父母、孫子女、公婆、岳父母、媳婦、女婿等），接著是「一起養家」的八親等以內血親（兄弟姊妹、侄子女、阿姨、姑姑、表兄弟、堂叔等），以及四親等內姻親（嫂子、小姨子、姨丈、姑丈、嬸嬸等）[21]。對於富裕的家庭來說，如此廣泛的扶養義務意味著獲得幫助的各種機會，但對於貧寒的家庭來說，卻是關係到許多人生計的沉重負擔。一旦無法履行義務，還很容易就會在道德上背負無能、不負責任的批評。

制度相同，效果卻不盡相同。恰如作家安納托爾・佛朗士（Anatole France）的名言：「在其崇高的平等之下，法律必須同樣禁止富者與貧者睡在橋下、在街上乞討與偷竊麵包」[22]。表面上看似公平地適用相同法律，但有些法律卻成為富者累積財富的工具、束縛貧者生活的枷鎖。在輕率地談論家人間的扶養是否理所當然前，最好先思考一下，這項既是法律也是道德的義務是如何不平等地運作。接著，讓我們稍作釐清——為什麼會出現這種不平等？

從根本上來說，將人的生存託付給「家庭」這個單位並不穩定。家庭作為經濟單位的規模小，所以只要家庭狀況稍有變化，所有家庭成員都會很容易因此受到動搖[23]。再加上，如果正如第4章所示，當這個社會是基於性別分工的理念設計而成，負責養家的男性扶養者的存在與否、狀態，勢必都會影響不少人的生計。國家一手創造出如此脆弱的結構後，又賦予家人間必須互相扶養的義務，並要求每個人自力更生一事，打從一開始就是充滿風險的做法。面對從設計開始就存在根本性缺陷的制度，卻單憑是否履行義務去譴責個人的無能、不負責任，會不會太愚昧了呢？

正是因為領悟了這點，人類才開始宣告「社會」保障是基於人權，並引進相應的制度[24]。目的在於將生存單位的規模從弱勢家庭擴及整個社會，藉由富者與貧者的結合，降低對家庭的依賴度，為所有社會成員創造安全的緩衝區。隨著國家帶頭建立社會保障制度，減輕家庭成員間過去被賦予必須自行負責生計的扶養義務範圍。以英國為例，親屬扶養義務的規定自1601年起實施了超過300多年，但後來為了打造福利國家，英國於1948年開始將扶養範圍縮小至配偶與未滿16歲的子女[25]。

與之相反地，韓國一方面標榜自己是福利國家，另一方面卻吝於努力減輕對家庭的依賴度。國家推行國民基礎生活保障制度，為經濟上難以維持生計者提供基本程度的生活，同時卻一直把家庭的扶養義務視為優先。換言之，所謂的「家庭扶養優先原則」，按照規定是先接受被認定為「扶養義務人」的家庭成員的保護，萬一沒辦法接受扶養義務人的保護時，才能領取基本生活保障補助。不過，此時的「扶養義務人」範圍比《民法》窄，僅限於「一親等直系血親及其配偶」，也就是父母、子女、媳婦、女婿等[26]。

這種制度能消除多少家庭間的不平等？在以養家糊口為優先的社會保障制度中，接受國家支援就像扛下了證明家人失敗的任務——因為唯有不斷證明自己的家人有跟沒有一樣，才能符合獲得國家支援的資格[27]。當「家人失敗」成為社會保障的先決條件，社會福利制度的創立，彷彿變成了為沒有家人的人打造的落伍世界。從韓戰後的「孤兒」與「未亡人」，到現今的身心障礙者、無家者等，許多人都集體生活在社福機構中。這些人因為沒有家庭才進入社福機構，同時又陷入了因為待在社福機構而無法自由組織家庭的圈套[28]。

在「既得利益者」藉由家庭制度世襲階級的期間，「非既得利益者」的家庭生活本身就處於困境。誰能自信地說這一切與自己的生活無關？置身於像現在這樣瞬息萬變的社會、家庭不穩定性加劇的時代，需要累積多少財富才能夢想「家庭」這個「小確幸」？因此，或許會有更多人透過追求靠山強大的婚姻自救，但與此同時也會加劇家庭間的不平等。假設某樣商品存在如此嚴重的瑕疵，群眾發起抵制運動也不為過吧？

誰是我的家人？

2013年10月，一名60多歲的女性銀河（化名）於釜山某公寓跳樓身亡。這件事發生在她的高中同學海珠（化名）因癌離世後不久。兩人自高中畢業後，一起生活了四十年。銀河跳樓的社區，即是兩人同居的地方。然而，海珠的侄子卻在她對抗病魔的期間，突然現身阻止銀河的照顧。侄子換掉公寓的鎖，讓銀河連家也回不了。銀河甚至沒能在海珠臨終前守在她身邊，直到事後才得知海珠的死訊，於是銀河也親手結束了自己的生命[29]。

海珠的侄子有什麼權利可以趕走銀河？海珠與銀河雖然一起生活了四十年，但財產是在海珠的名下。原因在於海珠負責外出工作，而銀河主要在家處理家務。如果兩人是法律上的配偶關係，銀河當然擁有權利；因為當配偶一方死亡時，另一方即可以遺屬身分取得繼承權。可是，海珠與銀河在法律上並不是「家人」。海珠去世後，遺產會交由法律承認的「家人」處理。屬於「四親等內旁系血親」的侄子，是法律承認的「家人」，所以他擁有遺產繼承權。

公寓實際上是否交由侄子繼承不得而知。倘若真是如此，站在侄子的立場，無疑是一筆橫財，就法律上來說也沒有任何問題。假如銀河對海珠名下的財產主張權利，法律大概也不會站在銀河這邊——畢竟，明明有「家人」，怎麼能讓「外人」拿走遺產。即使銀河與海珠一起生活期間，是分享一切、互相照顧的家人，但法律並不會保護這種關係的「家人」。法律保護的家人，另有其人。

法律保護血親。當有人死亡時，死者的遺產會依照法律規定分配。根據《民法》，優先排序為第一順位的子女、孫子女等「直系血親卑親屬」，第二順位的父母、祖父母等「直系血親尊親屬」，第三順位的兄弟姊妹，第四順位的伯叔舅、姑姨、侄子女、堂兄弟姊妹等「四親等內旁系血親」[30]。就算死者立下遺囑要將遺產留給特定對象，血親依然具有權利；這是所謂的「特留分制度」，也就是無論死者的意願如何，其配偶、直系血親卑親屬、直系血親尊親屬、兄弟姊妹都有權繼承一定比例的遺產[31]。

從歷史上來看，配偶曾經甚至連「親屬」也不是，而是直到後來才取得繼承的權利。朝鮮王朝時期，妻子的繼承權不被承認；日帝強占期在繼承問題亦遵循朝鮮王朝的習俗，不承認配偶的繼承權。雖然承認配偶的應繼分是從1958年制定的《民法》開始，卻仍存在妻子比丈夫應繼分少的歧視。後來，經過進一步的修正後，才於1990年不分性別地承認配偶的繼承權[32]。根據現行法律，配偶與第一順位（直系血親卑親屬）或第二順位（直系血親尊親屬）為共同繼承人，但能夠比其他共同繼承人多取得50%的應繼分[33]。假設遺屬有配偶、子女X、子女Y，那麼他們分別會按1．5：1：1的比例取得繼承。

從某種程度上來說，法律規定繼承人的範圍與順序是依循一套透明公式，進行俐落的財產分配，但它同時也是機械式的解決方法，過於漠視現實的複雜性。我們在前面探討過關於「扶養義務」是家庭的特殊責任一事，但繼承法甚至沒有考慮過這點。不在乎雙方在有生之年究竟是互相照顧的關係，或是連一聲招呼都沒有打過的關係；甚至連為人父母者對年幼子女棄之不顧後，也有權憑著較高的優先順位繼承子女的遺產。

實際上，在偶像團體的團員B於28歲猝逝後，媒體就曾大篇幅報導過關於照顧者的繼承問題。在B年約9歲時便離家的母親，與孩子斷絕聯繫長達二十年後，突然現身並要求繼承屬於自己的那份遺產。即使父親才是實際扶養B的人，但在繼承法中，對父親與母親的看法卻沒有區別。或許是因為這起事件受到社會大眾的關注，所以法院承認父親的貢獻分，決定將遺產以60：40的比例分別交由父親與母親繼承。只是，像這樣承認貢獻分的情況實屬罕見[34]。

像銀河與海珠一樣不是血親的關係，就算再怎麼主張彼此互相照顧與共同生活，在法律上都不是家人。在韓國，非血親成為家人的方法只有婚姻與收養，但就這樣的關係而言，透過收養變成父母與子女的關係有點尷尬，同性婚姻又不被承認。單憑報導內容，無法判斷她們倆是不是女同性戀伴侶。儘管世人永遠不會知道兩人之間是否有過浪漫的感情，但也不能認為她們一起共度的四十年歲月毫無意義。法律可以如同機械般定義所謂的「家人」關係，與實際共同生活無關嗎？難道沒辦法研究出另一種制度，讓非血親的人成為家人嗎？

「婚姻」之所以成為社會熱門議題的原因，在於它是能夠讓非血親的人結合成為家人的極特殊制度。撇除一切浪漫因素，婚姻說穿了就是當事人之間的契約，是社會承認與尊重成為共同生活單位的法律關係。當然了，從傳統意義上來看，婚姻被嵌入了更多的欲望——經濟與社會地位的提升、傳宗接代、取得處理家務的人、規範婚外性行為等，這些在前幾章提過的內容，正是隱藏在婚姻制度背後的無數欲望。然而，除去這些層層疊疊的欲望後，留下來的就是契約當事人之間成為終生伴侶的共同體關係，即是最本質的婚姻意義。

藉由婚姻的方式「成為」家人，意味當事人之間產生了權利與義務；像是必須共同生活、互相扶養與協助，以及代替彼此處理共同生活的相關事宜（日常家務代理權）、共同負擔因而產生的債務責任（連帶債務責任）[35]。在婚姻關係存續期間合力取得的財產，無關登記在哪一方名下，原則上歸雙方共同所有，應於離婚時平均分配；此時，分擔家務的貢獻度亦被承認[36]。除此之外，雙方也會擔任為彼此決定像是手術同意、放棄急救等醫療行為的監護人角色。另外還有以配偶的身分領取社福補助，或以遺屬的身分處理喪葬事宜[37]。

有些人希望同性關係能夠透過婚姻被承認，為的就是得到諸如此類的法律保護。雖然無法獲得準確的數據，但韓國社會已經有許多性少數者與伴侶同居。根據2021年「青年性少數者社會需求與實況調查」的結果來看，在參與研究的19～34歲性少數者中，有伴侶者35．8％，正在同居者19．7％。而94．7％的受訪者在這項調查中表示，如果有同性婚姻或生活伴侶制度的話，他們會選擇使用。比起只使用同性婚姻制度的答案（4．1％），更多人選擇只使用替代的生活伴侶制度（24．1％），而有意願兩種制度都使用的答案，則占全體受訪者的66．5％[38]。

愈來愈多人對多元成家抱持期望，組織家庭不再僅限於婚姻的形式[39]。即便是異性伴侶，也有人希望能在同居時以不同方式保障彼此的共同生活。原因是什麼？參與於2020年實行的「未婚同居實況調查」的19～69歲的有同居經驗者認為，婚姻與同居的主要區別在於，同居對於家庭義務與生兒育女的壓力比婚姻來得少。儘管如此，在目前正在同居的人之中，「公平地」分擔家務與教養子女的比例卻遠高於已婚伴侶。他們普遍認為，無論是情感上的聯繫或關係的穩定性，皆等同於婚姻關係；而且同居族對於伴侶的滿意度差異也明顯較少[40]。是不是可以將他們的關係視為一種努力，只為擺脫婚姻長久以來的傳統習俗，並追求更加幸福、平等的家庭呢？

為什麼國家與社會不願意尊重人們自主形成的照顧共同體？長久以來，經由血親的框架劃分每個人的順位，並賦予扶養義務以保障生存的所謂家庭，實質上是一種僵化的「秩序」，迫使人們順應與生俱來的命運與仰賴權威的控制，藉以維持體制。然而，在今時今日以自由與平等作為基本價值取向的現代社會，自律與平等的共同體會不會是更適合我們的理想家庭呢？正如同我們在爭取人權所經歷過的，當強迫的義務與階級壓迫消失時，相信人們將能找到更幸福的方式相互扶持。

第7章　沒有劇本的家庭

性別改變的家人

讓我們回到第1章開頭的口號「媳婦怎麼可以是男人」。這句十六年前出現、短而有力的吶喊，成為一直以來象徵無法接受同性戀者的代表口號。「媳婦怎麼可以是男人」這句話，為什麼有辦法成為成功引起大眾關注的口號呢？我認為，與其說這個口號刺激到的情緒是對男媳婦的反感，倒不如說是對於改變家庭秩序的恐懼。當全球各地紛紛刮起銳不可擋的浪潮，力求廢除對性少數者的歧視時，韓國社會卻與整個世界脫節的原因，會不會又是一次以家庭秩序為由，至今不斷重演的排擠過程呢？

性少數者的出現，顯然對家庭秩序帶來莫大的混亂。換句話說，即是既有的家庭體制並未被設計成能夠接納性少數者。如同我們在本書所提到的，社會大眾認知的「家庭」，是按照性別精密建構的體制。這個體制基於一項大前提——所有人都可以經由二分法被分為「男」與「女」，並且根據性別被賦予不同的預期角色。為了履行各自的角色任務，男女忠實地依循必須合法結婚與生育的家庭劇本，並且不時為此背負壓力。

從這點來看，韓國最高法院於2006年允許跨性別者變更性別，確實是歷史性的轉變[1]。這項決定，出現在憲法法院判決戶主制不符《憲法》而被廢除的一年多後。《民法》中與戶主制相關的條款，也根據憲法法院在2005年的判決於同年進行了修改。然而，隨著戶主制誕生的身分登錄法《戶籍法》，則是在經過約莫三年後的2008年1月1日消失。因此，如果想在2006年的當時變更性別，則得更改戶籍。按照《戶籍法》的規定，當戶籍的記載內容有誤時，可以在取得家庭法院的許可後變更戶籍，而最高法院則是根據這項條款判決允許跨性別者變更性別。

如果不是先前已經廢除了戶主制，最高法院還會判決允許跨性別者變更性別嗎？雖然歷史沒有「如果」，但在戶主制明顯存在的情況下，變更性別似乎就是天大的難事了——畢竟，戶主制是按照性別決定家人的等級，想在緊密相連的家庭關係中改變一個人的性別，無疑是一大混亂。當一個家庭裡有人想要變更性別，就會直接動搖「誰會成為戶主？」、「登記在哪個戶籍？」、「戶主繼承順序如何更動？」等基本秩序。因此，在戶主制之下，性別二分法是家庭秩序的基礎。

儘管戶主制被廢除、戶籍消失，但性別在家庭秩序裡依然不自由。於2008年1月1日實施的《家庭關係登記等相關法律》（簡稱《家庭關係登記法》），即是用來取代

《戶籍法》。雖然這是用來登記個人資料的身分制度，卻依然必須透過「家庭關係」定義身分。即便家屬範圍比過去縮小些，但「我」這個人的身分，始終還是得由是某人的配偶、子女、父、母等關係來定義。因此，只要還有家人的一天，變更性別就不是個人的事，而是關乎整個家族的事。在文件上，當子女的「父」可以是女性，「母」可以是男性，那麼配偶雙方的性別就會變得相同。

幸好（？）在最高法院2006年的那場判決上，申請變更性別的跨性別男性既沒有婚姻經歷，也沒有子女。他從20多歲開始以男性的身分生活，於40多歲時接受性別確認手術，而在最高法院做出判決的當時，他已經年約55歲了。雖然他與女性同居，但因為不具備男性的生殖能力，所以也沒有生育子女的可能性。站在最高法院的立場來看，由於他就算變更性別，也沒有身分關係會因此受影響的「家人」，基本上沒什麼值得擔心的事。說得難聽些，他是因為沒有家人才得以順利變更性別。

假設有配偶或子女的話，結果會不一樣嗎？最高法院於2011年表示，申請人必須是未婚狀態且無未成年子女才允許變更性別[2]。這代表申請人若是已婚，則必須離婚；若是有未成年子女，則必須等到孩子成年。原因在於，變更性別不只得更改本人的資料，還會一併更改記載於家庭關係登記簿的配偶與子女身分關係。在與配偶的關係上，這等同於「承認同性婚姻」；至於子女，則點出父親變成女性、母親變成男性的「顛倒」問題。換句話說，變更性別只有在不破壞既有家庭秩序的前提之下才被允許。

然而，最高法院卻在2022年11月24日做出一項歷史性判決，部分推翻了十一年前的判決，改變判例——判決不得因申請人有未成年子女就無條件不允許變更性別，而是必須先檢視其與子女的關係後，再行判斷[3]。由於不可以是已婚狀態的要求依然存在，所以不會出現承認同性婚姻的情況。如此一來，是不是意味著子女擁有兩個父親或母親也沒關係呢？基於子女必須有「媽媽」與「爸爸」的性別二分法與異性婚姻的家庭劇本，於此開始出現了裂痕。究竟發生了什麼變化，而這道裂痕又會將事態導向何處？

家庭劇本的裂痕

2011年，最高法院擔心父母變更性別會對未成年子女造成影響；並表示每當未成年子女提交家庭關係證明書時，「同性婚姻的表象」就會浮出水面，「不能放任他們毫無防備地暴露於來自社會的歧視與偏見之中」。於是，法院要求當事人基於為子女著想的角度，並且這樣說道：「有鑒於我們社會的家庭觀特別重視家人間的聯繫與關懷，因此為了未成年子女的福祉，而不允許親權人變更性別，是當今社會對於自主選擇與異性結婚與生育、組織家庭者，所能提出的最基本要求。」[4]

照顧者為子女著想或許被視為理所當然，但在這個案件中，法院並未考量過變更性別申請人實際上與子女的關係如何。最高法院做出判決的當時，申請人的兒子16歲，而從很久以前便認同自己是女性的申請人，則是在五年前進行性別確認手術，之後一直持續使用賀爾蒙療法。法院沒有考慮過，站在兒子的立場，究竟是更改早已以女性身分生活的「父親」在文件上的性別註記比較好，或是性別根本不影響兩人間關係。因此，誰也不知道這項決定是否真的在為申請人的兒子著想。只是，最高法院想表達的訊息顯而易見——不應該向社會公開照顧者是跨性別者。

當時的最高法院似乎堅信，阻止同性婚姻的表象呈現在家庭關係登記簿上，是為了追求子女的福祉。然而，為什麼認為子女擁有兩個「父」或「母」是個問題呢？如同第4章所示，不能僅是因為兩個媽媽的性別便斷定她們是「不適任的」照顧者。再加上，被視為是理想父母的性別分工，既不現實也不可取。就像我們在第6章討論過的，家庭應該是超越形式與重視品質的照顧共同體。更何況，可以像這樣為了阻止「同性婚姻的表象」浮現，而拆散如常經營的家庭關係嗎？

德國聯邦憲法法院於2008年判決，為了合法變更性別而強制離婚的法律違憲[5]。由於德國直到2017年才承認同性婚姻，因此「同性婚姻的表象」在當時也曾像韓國一樣成為問題。不過，聯邦憲法法院與韓國最高法院的不同在於，強制離婚被視為抵觸德國憲法《基本法》所保障的婚姻生活。違反個人意願的離婚與剝奪婚姻制度提供的法律保障被認為是不合理。這項判決保障的是真正的家庭生活，而不是異性婚姻的表象。

隨後，德國聯邦憲法法院又於2011年判決，要求接受性別確認手術與消除生殖能力手術作為變更性別的條件同樣違憲[6]；法院認為國家強制要求手術與絕育，是對個人身體完整性的過度侵犯。這項判決不僅為跨性別者的生育創造了可能性，同時也與既有的家庭秩序產生矛盾，但法院不認為這是個問題，即使性別改變，法律依然能夠保護照顧者—子女關係不變。這裡的照顧者—子女關係，意味的是實質的照顧責任，而非基於性別的父／母角色。

韓國最高法院正好也在同年（即2011年）做出的判決中，選擇了相反的路，要求變更性別的申請人必須是未婚狀態且無未成年子女。無論是德國或韓國，都認真考慮過個人變更性別對家庭關係造成的影響。不過，德國選擇的是，即使更改官方文件上的個人性別，法律依然能夠保障配偶或照顧者與子女關係不發生變化，但韓國選擇的方法卻是禁止改變官方文件上的性別。德國重視的是保障性別的個人自主權與實際的家庭生活，但韓國認為讓家庭關係登記簿上「看得見」的家庭關係「正常化」才更重要。

讓我們細讀一下，當時最高法院基於擔心孩子遭受社會歧視與偏見的說法：「為了就學等，未成年子女只能別無選擇地提交家庭關係證明。」[7] 其實，這段話不僅適用跨性別者的家庭，也適用不屬於「正常」的其他家庭；意即單親家庭、離婚家庭、非婚生子女等，對於因家庭型態為由遭受歧視的所有人來說，家庭關係證明都是個問題。除了

「同性婚姻的表象」外，所有「偏離」的家庭「表象」都面臨同樣的困境。

如前所述，個人身分在韓國是在家庭關係中定義的。記錄一個人從出生到死亡的身分關係之制度，不是以「個人」命名的登記制度，而是以「家庭關係」為名作為登記制度一事，絕非偶然。就像開頭提過的，《家庭關係登記法》是為了取代《戶籍法》而制定的身分登記制度。即便廢除了戶主制，但因為國會無法接受脫離家庭關係的「個人」身分登記制度，於是誕生了範圍雖比戶主制窄，卻依然得透過「家庭關係」登記與證明身分的制度[8]。從當時一位社會運動家期許「希望每個人的存在都只是在做自己」的願望來看，戶主制的廢除後顯然沒有解決這項課題[9]。

透過「家庭關係」證明身分，意味的是每個人都需要家庭成員的資料來證明「我」的身分；換句話說，其他家庭成員也需要提出我的資料來證明自己的身分。儘管在經過數次的修正後有所改善，但一開始連離婚、前婚生子女、改名、收養等個人資料的變動明細都會公開在證明書上[10]。經過2016年的修正，相關單位重新調整了系統，只允許目前的身分關係公開在一般證明書上，至於其他內容則顯示於詳細證明書上。然而，問題依然存在。詳細證明書可能不必要地公開過去的資料，所以即使盡可能隱藏這些資料，最終仍會經由文件暴露家庭關係，一旦「不正常」的情況被發現了，終究避免不了歧視[11]。

正是基於個人資料與家庭全體資料間的這種牽連，最高法院在2011年才不允許跨性別者變更性別。當時的最高法院認為，阻止變更性別是保護兒童免於遭受歧視的方式——然而，卻不將必須袒露家庭關係才能證明個人身分的不合理制度，或是像這樣以公開家庭型態為由產生歧視的社會視為問題所在。

在這一點上，2022年的最高法院就不一樣了。法院認為家庭關係登記簿的問題，可以透過「注意確保個人在家庭關係登記簿上關於變更性別的內容不會發生非法洩露的情況」解決；並表示，如果社會存在歧視與偏見，則「法律與制度必須承擔起義務，努力導正歧視方的偏見與不理解」。未成年子女的福祉仍是重要的考量因素，但判斷的方向卻不同了。承認申請人變更性別，被視為「為人父母者，為了穩定教養未成年子女所構建的社會與經濟基礎」、「最終符合未成年子女的福祉」。讓我們來看看最高法院於2022年說過的這段話：

個人的家庭生活是社會關係的起點與核心，國家必須對此予以保障（《憲法》第36條第1項）。跨性別者作為同樣是在整個法律秩序內組成家庭的成員，應被賦予同等的權利與義務，而國家必須保障跨性別者的這些權利。

雖然允許育有未成年子女的跨性別者變更性別，可能會為其家庭關係帶來變化，但這只是隨著父或母的性別重置，改變父母履行權利與義務的形式之自然過程。像這樣形成的親子關係與家庭秩序，也應該在整個法律秩序內得到相同的尊重與保障。無論跨性別者的婚姻狀態是離婚與否，或者是否在家庭關係登記簿上變更性別，也不會改變這一點。即使是育有未成年子女的跨性別者，仍應行使為人父或母的相應權利並履行義務。[12]

根據《憲法》第36條第1項，「婚姻與家庭生活的確立與維持，必須奠基於個人尊嚴與兩性平等之上」。儘管稍微晚了些，但韓國最高法院也承認《憲法》規定國家必須保障的是實質的家庭關係，而不是向他人公開的特定家庭型態。試圖捍衛正常家庭表象的堅固家庭劇本，就這樣出現了裂痕。

家庭是「危機」嗎？

許多人都誤會了伴隨家庭型態而來的歧視，僅是傳統習俗殘留的影響。韓國社會將異性婚姻與生育作為前提的家庭定義為「正常」，並藉由法律正式確立將其餘視為「異常」的階級化結構，僅是十八年前的事。2004年2月制定後，於2005年1月實施的《健康家庭基本法》即成了起點。偏偏在戶主制被廢除的同年實施的《健康家庭基本法》取代了舊有的戶主制，交由法律明文規定「健康家庭」的家庭規範。

制定《健康家庭基本法》的目的在於「健康家庭生活的經營，以及家庭的維持與發展」（第1條）。這項法律所要「維持」與「發展」的「家庭」，指的是「經由婚姻、血緣、收養等方式組成的社會基本單位」（第3條第1號）。「健康家庭」的定義是「使家庭成員的需求得到滿足，並且保障人道生活的家庭」（第3條第3號），從法律的內容來看，這與離婚等「破碎家庭」是相反的意思。換句話說，將經由「婚姻、血緣、收養」等方式組成的家庭設定為「健康家庭」的《健康家庭基本法》，同時也是用來「預防」出現像是離婚家庭等其他被歸為「破碎家庭」的家庭型態。為此，個人具備以下義務：

「全體國民皆應意識婚姻與生育的社會重要性。」（第8條第1項）

「全體家庭成員皆應努力預防家庭破碎。」（第9條第1項）

意識婚姻與生育的「社會重要性」這句話，被解讀為考量到自2000年代初期開始提出的低生育率問題。即是曾在第2章提過的「生育即愛國」這個口號，以法律條文的形式出現。此外，人們還必須努力「預防家庭破碎」。「家庭破碎」既可能是基於不可抗力情況的結果，也可能是個人想過更人道生活的選擇，但這項法律卻從一開始就將家庭破碎本身歸為不健康[13]。其設定的前提是，經由婚姻、血緣、收養等方式組成的家庭必須永遠維持，才是健康、幸福。

因此，《健康家庭基本法》會支援「不健康」或「陷入危機」的家庭。舉例來說，中央與地方政府會針對「單親家庭、獨居長者家庭、身心障礙者家庭、未婚媽媽家庭、共居家庭、自主合作社等」給予支援（第21條第4項）。單就結果而論，這似乎是一項為了緩解家庭不平等而採取的重分配政策。可是，一旦成為「健康家庭」框架內的支援對象，同時也必須接受與承擔伴隨而來的烙印。至於原本就被排除在「家庭」定義之外的未婚同居家庭，不僅不會成為家庭政策的對象，嚴格來說，甚至變成一種必須「預防」的家庭型態。

在歷史上，家庭是在不同的生活條件下，以多元型態組成[14]。所謂「家庭」，在韓國已經改變了定義，而且仍在持續變化著[15]。例如：韓國現今的結婚人數比過往少，離婚人數則比過往多。將這樣的事實形容成家庭的「危機」或「解體」，與使用家庭增加「變化」或「多元化」來描述是完全不一樣的。前者的「危機」與「解體」論述，是以特定家庭型態才是「正確」為前提的診斷。對此，社會福祉學教授尹洪植提出批判：「這是將家庭特定型態的變化標籤為破碎家庭，並且否定其多元性與靈活性。」[16]

最重要的是，這兩種詮釋方式在國家政策上演變成顯著的差異。「危機」與「解體」論，不僅助長恐懼，更讓人重返舊時代；相反地，「變化」與「多元化」論，則是靈活應對改變以創建全新的制度。前者控制與壓迫個人按照既有的家庭秩序生活，後者則是研擬應對方式來保障所有人的家庭生活。我認為，韓國社會顯然是傾向前者。許多人會疾呼著末日危機與道德譴責，迫使人們遵循「家庭劇本」。

家庭劇本甚至創造了一種錯覺，讓人誤以為維持基於性別角色二分法觀念的家庭秩序，同時亦能實現性別平等。如同第4章所示，當女性教育的目的是為了協助女性成為賢母良妻時，最終只會陷入自相矛盾。儘管如此，學校依然會像第5章提到的一樣，在自詡守護著家庭劇本的同時，繼續維持以性別為由造成的不平等。即使社會嘗試追求性別平等，也很難與基於性別角色規範的家庭制度共存。家庭與社會，不是能夠各自擁有獨立秩序的不同世界。以性別分工為基礎設計而成的家庭制度，必然與追求平等的社會現實發生衝突。

不僅如此，家庭劇本也隱匿了家庭制度造成的階級不平等。如同第6章所示，現行家庭制度的設計旨在讓「既得利益者」受惠。至於「非既得利益者」，卻是連維持家庭生活、夢想組織新家庭都顯得相當困難。對於為了法律機械式定義的「家庭」承擔道德與法律義務，並且預見得為僱傭勞動與家事勞動兩頭燒的生活所苦，造成將來充滿不穩定性的人而言，婚姻並不是一個合理的選擇。對這些人來說，藉由拒絕婚姻避免走入家庭秩序，或許才是最具可預見性、最安全的生存之道。只顧著強調家庭價值，卻對諸如此類不平等的現實視而不見的社會十分荒謬。

這樣的結果對兒童的影響，比任何事都來得更大。家庭劇本，替兒童創造了一個不平等與殘酷的社會。這句話聽起來也許有些令人詫異。如前所述，韓國最高法院於

2011年主張「基於保護兒童免受社會的歧視與偏見」的考量，決定不顯現「同性婚姻的表象」。然而，美國聯邦最高法院於2015年卻做出完全相反的決定，認為承認同性婚姻才能保護兒童。假如只承認異性婚姻，同性伴侶的子女會因此背負著「自己的家庭在某些部分不完整的烙印」，所以保障家庭地位的平等才能避免兒童受到傷害[17]。

家庭背景，是無數兒童從童年時期開始飽受歧視的原因。只要仔細檢視一下兒童經歷的各種嘲笑、霸凌，便會發現很多時候都與家庭有關；像是家庭型態、家庭所得、家庭成員的特徵等。家庭的情況，形成兒童間的權力關係。雖然大家總說「出生無法選擇」，並且接受命運，但這其實也是最不公平的不平等。換句話說，如果會根據一個人出生在哪個家庭，有人受到尊重，有人卻被忽視，有人獲得豐富的機會，有人卻連活下去都很難，那就意味著打從赤裸裸的嬰兒開始，「階級」便被嵌入了你我的身體[18]。

無論是第2章談論的非婚生子女，或是第3章提及的「混血人」、痲瘋病患、身心障礙者等的遭遇，都不是因為其有何不道德或劣等的特殊性，而是家庭劇本造成的不平等結果。單親家庭、收養家庭、再婚家庭、新住民家庭、隔代家庭、未婚家庭、同性家庭、跨性別家庭等各種家庭，都不是家庭的「危機」、「解體」或「崩潰」的結果，而是多元生活的形式。然而，家庭劇本卻將這些生活形式定義為劣等、不正常，使其汙名化並合理化歧視。既然國家將特定家庭型態命名為「健康家庭」，那麼又該如何面對因此「創造」出來的種種不平等呢？

於是，韓國最高法院於2022年沿著家庭劇本的瑕疵鑿出的裂痕，便顯得意義格外重大。透過先前摘錄的判決文，可以看出最高法院確認了《憲法》第36條第1項保障「關於家庭生活的權利」是所有人應有的權利。最高法院表示，即便家庭關係出現變化，「既有形成的親子關係與家庭秩序，也必須在整個法律秩序內得到同等的尊重與保護」。既然每個人都有權獲得有尊嚴、平等的家庭生活保障，那麼排除眾多人的不平等家庭秩序自然不合理。國家必須制定政策與制度來改變社會，保障人人都有權享受多元形式的家庭生活。

跳脫家庭劇本

韓國自2002年以來，一直是總生育率不到1．3人的「低生育率」國家，從2018年開始降至不到1人，到了2022年更是創下0．78人的紀錄[19]。對於這樣的結果，實在很難評價國家在過去的二十年來推出的各式各樣政策成功化解了人口危機。倘若國家已經把能做的都做了，卻依然面臨失敗的局面，那麼會不會是打從一開始的方法就錯了呢？難道不是因為引起人口消失恐懼的國家政策，才反而造成這種結果嗎？當我與學生們談論關於低生育率的話題時，其中一名學生說了句話：「這個世界爛成這樣，怎麼生小孩？」

在低生育率危機論持續升溫的同時，守護「傳統」家庭的政策也開始推陳出新。前文討論過的《健康家庭基本法》，即自2005年開始實施；同年，國會廢止《民法》中關於戶主制的條款，同時也保留了《民法》第779條的「家屬範圍」。或許是擔心戶主制的廢除會導致家庭消失的緣故，因此修正法中明確規定「家人」必須由婚姻與血親組成[20]。於是，將配偶、直系血親、兄弟姊妹，以及共同維持生計的直系血親之配偶、配偶之直系血親、配偶之兄弟姊妹規定為「家人」。2015年，實施了第5章提及，將「禮」、「孝」列為品德項目的《品德教育振興法》。

與此同時，「反對同性戀」的聲浪日趨高漲。第1章介紹過隨著2007年的《反歧視法》而登場的抗議口號「媳婦怎麼可以是男人」，反對的從來就不是只有性少數者。反對同性戀、同性婚姻一事，真正想要傳達的訊息是「每個人都必須與異性結婚生育」，並且提醒人們女性與男性各自扮演的是不同角色。簡而言之，反對性少數的運動，是將家庭劇本奉為絕對道德律的信仰化作業，同時也強調維持父權制秩序、否定脫離家庭劇本的生活型態的核心論調。

今時今日的「兩性平等」一詞，與「性別平等」已經開始被用作不同的含義。2014年，隨著《女性發展基本法》的全面修正，這項法律的名稱也更改為《兩性平等基本法》。因此，政策制定並非無關性別、所有人的「性別平等」，而是必須與性別連結的「兩性平等」；換句話說，即是以將人分為男性與女性的二分法作為前提的平等。這正是意味著無法接受身體不符合性別二分法的間性人（intersex），或是性別認同有別於出生時被指定性別的跨性別者、背離異性戀規範的男同性戀者、女同性戀者、雙性戀者等，彰顯了終究必須維持故障的性別角色規範的意志[21]。

在韓國被家庭劇本俘虜的期間，世界卻已經在過去二十年發生了很大的變化。自1533年根據《教會法》制定懲罰同性間性行為的法律，後又透過殖民統治將其傳播至全世界的英國，最終於2003年廢止該法律，並於2013年使同性婚姻法制化。美國聯邦最高法院於2003年判決懲罰同性間性關係的刑法條款違憲，並於2015年承認同性伴侶的婚姻權利，進而促使所有州都承認同性婚姻。背負著納粹大規模屠殺同性戀者歷史的德國，在1960年代刪除當時作為依據的憲法條款，並於2017年修正《民法》將同性婚姻法制化[22]。以2001年的荷蘭為首，在過去的二十年間，已經有34個國家承認同性婚姻（以2023年5月為準），且數量仍在持續增加。

此外，也開發出保障婚姻外的共同生活制度。法國於1999年引進的《民事伴侶結合法》，即為眾所周知的例子之一。有別於法律婚的《民事伴侶結合法》，是在不與對方家人形成姻親關係的情況下，賦予等同於法律婚的互相扶養與協助之義務；即使其中一方死亡，亦承認另一方能在原本居住的地方繼續生活的居住權等，各種保障共同生活的措施。《民事伴侶結合法》從一開始就是為了同性伴侶與異性伴侶而設計，並透過正式簽訂合約的申報程序成立。另一方面，法國也於1999年在《民法》中規定，包含同性伴侶在內的當事人間自由的共同生活為「同居」，並自2013年起承認同性婚姻。因此，在法國，同性與異性伴侶都能自主選擇法律婚、民事伴侶結合法、同居，作為組織家庭的方式之一[23]。

至於德國的情況，則是在2001年制定了《同性伴侶法（*Gesetz über die Eingetragene Lebenspartnerschaft*）》。儘管這項法律的目的是保護同性伴侶，其對象卻只針對同性伴侶，因此可以得知這是為了與異性伴侶的婚姻做出區別的制度。有人批判道：「這是賦予『次等地位』的歧視。」後來，德國於2017年廢除同性伴侶制度，同時「開放」婚姻，將同性伴侶納入法律婚的保障對象[24]。英國倒是選擇了稍微不同的路。先是於2004年為同性伴侶制定《民事伴侶關係法（*Civil Partnership Act*）》，隨後在2013年將同性伴侶法制化，卻沒有同時廢止《民事伴侶關係法》，反而是為了讓異性伴侶也能建立民事伴侶關係，又於2019年修正相關條款，為同性伴侶與異性伴侶同時提供婚姻或民事伴侶關係的選項[25]。

韓國也有相關措施保障非婚姻的共同生活——承認沒有結婚登記但被視為等同於婚

姻的「事實婚」並保障共同生活。舉例來說，保障範圍像是第6章提及的同居／扶養／協助的義務、日常家務代理權、日常家務債務連帶責任等，但在事實婚關係中，不會與配偶的親屬形成姻親關係，子女也屬於非婚生子女。假如原本存在事實婚關係的雙方分手了，亦可如同法律婚一樣請求財產分配；但如果是其中一方死亡的情況，則不會像法律婚的配偶一樣取得繼承權。儘管如此，事實婚配偶也受到社會保障制度的保護，像是被認可為健康保險的受僱者之受扶養者、具備公共年金的遺屬領取資格等[26]。

目前，韓國僅有異性伴侶被承認適用事實婚。不過，於我撰寫這篇文章的此時，要求承認同性伴侶事實婚關係的訴訟仍在進行中。回溯至２００４年，仁川發生了一起訴訟，關於共同生活二十多年的兩名同性伴侶在分手後請求財產分配。雖然原告主張事實婚關係，但當時法院判決不承認同性間的關係是事實婚[27]。２０２１年，一對男同性戀伴侶主張兩人是事實婚關係，並提起訴訟要求承認作為事實婚配偶的原告具備健康保險之受扶養者資格。在這起針對國民健康保險公團的訴訟中，儘管原告一審敗訴，卻在２０２３年2月的上訴中取得勝訴。上訴法院並沒有全面承認事實婚關係，但法院表示從健康保險受扶養者制度來看，沒有合理理由差別對待異性結合與同性結合[28]。國民健康保險公團對判決不服，正在向大法院提起上訴。

既然如此，是否意味著異性伴侶的「未婚同居」能受到事實婚的保護呢？這裡同樣出現了問題。如果想取得法律承認的事實婚，必須具有「結婚意願」。雖然目前仍不太清楚該如何確認結婚意願，但法院通常會將同居事實、是否告知父母、是否舉辦婚禮等列入考量。在過往的判例中，曾經發生過一對伴侶因為世人的偏見而沒有告知父母，並且在沒有舉辦婚禮的情況下展開同居生活，就算兩人後來也生下孩子，最高法院同樣不承認事實婚[29]。儘管現在的標準依然模糊，但假如有人拒絕結婚並選擇同居，法院就可以因為沒有結婚意願，而判定為不是事實婚。只是，難道沒有結婚意願的共同生活就不需要受到保障嗎？[30]

近來，國會正嘗試推動一些措施，以保障多元型態的共同生活。2023年4月，龍慧仁議員代表提出《生活伴侶關係相關法案》[31]。「生活伴侶關係」更類似於兩人間的契約，並不會與對方產生親屬關係。同時也像婚姻一樣，賦予同居／扶養／協助的義務、關於日常家務的代理權與債務等，亦允許共同收養。此外，也修正了其他相關法律，以實現社會保險年金領取、承認健康保險受扶養者、配偶使用產假與育嬰假、個人所得稅扣除額、家庭暴力的保護等。隨後，於5月時張惠英議員代表提出「成家權3法」，包括同名的《生活伴侶法案》，以及承認同性婚姻的《民法》修正案（《婚姻平等法》）、援助無關婚姻狀態的《母子保健法修正案》（《非婚生育支援法》）等[32]。相當期待國會能對於此次針對家庭的討論取得進展。

只是，暫時無法得知可以對這些期待抱持多麼樂觀的態度。如同本書所探討的，國家長期以來都將關於家庭生活的憲法責任轉嫁到個人的道德問題，迴避為改善制度付出努力。當韓國社會為了家庭的解體與崩潰議論紛紛，並將此歸咎於個人責任時，本應保障家庭生活的國家責任卻被掩蓋。反而將家庭視為國家經濟供給人力的單位。社會早已習慣了把人當作工具，視人為勞動力的「人口」，甚至在談論低生育率危機時，也會若無其事地說出「生育即愛國」這種話。時至今日，政府仍將家庭政策與人口政策視為同件事的麻木不仁，正是一步步削減人們誕生在這塊土地的理由。

張慶燮認為，在強調恢復「家庭道德」的政治立場背後，隱藏著國家計劃縮減社會保障責任並將其合理化的意圖[33]。實際上，韓國公部門的支出占比偏低。根據OECD的統計，截至2022年，公部門支出占國內生產毛額（GDP）的比例為法國31.6%、德國26．7％、日本24．9％、瑞典23．7％、英國22．1％；OECD平均為21．1％。相較之下，韓國公部門支出僅占了GDP的14．8％[34]。韓國一直致力於透過節省社會保障所需的費用，將照顧的責任託付給家庭，使勞動生產力提升至最大化。

如此一來，企業也能在長期逃避照顧責任的情況下，享受經濟利益。將照顧分離成為「私人」家庭問題，以及依賴女性隱形勞動的結果，便是企業可以盡情使用勞動者的勞動力，而毋須在意照顧的問題。企業認為照顧的責任與公司無關，因此便能以結婚與生育為由歧視女性、要求男性超時工作。儘管如此，國家依然著重於藉由將兒童交由托育機構的方式，確保國家與企業取得充足的勞動力，而不是建立一個讓家庭可以擁有共同生活時間的制度[35]。唯有意識到照顧是包含國家與企業在內的全體責任與個人權利，並為此團結一致努力，才得以重新分配不平等的照顧時間。

這些問題困難且複雜。因應不同家庭的現實情況與變化提出改善與設計，並籌備需要的財政成本等，是需要無數人的研究與想法才有辦法實現的偉大計畫。只是，其他的制度也是如此。在瞬息萬變的社會裡，敏銳地反應與找尋應對方式，才是人們口中的「政策」。至少，有一件事可以確定——贊同「媳婦怎麼可以是男人」的口號，並堅守既有的家庭秩序，從來就不是「政策」。我們已經過了以性別定義人生的時代，真正需要的是擺脫荒謬的家庭劇本，並保障每個人的家庭生活都是有尊嚴且平等的政策。

結語　殺手遊戲

有名男孩將首爾地鐵的路線背得滾瓜爛熟，4號線是他最拿手的路線。「惠化站的下一站？」、「漢城大入口！」有人在一旁喊出了答案。這些男孩就是1990年代末期會在地鐵上派發傳單的所謂「乞討兒童」。我記得整天把地鐵路線從頭背到尾當作興趣的那個男孩，當時大約10歲。他是天才嗎？這點不得而知。但從智力測驗來看，他的分數很低。或許是因為幾乎沒有上過學，所以他沒有辦法確實完成語言方面的題目。

大家可能都曾見過乞討者在地鐵上派發的傳單。傳單的內容通常是關於自己失去父母後，被送到托育機構，或是家人生病等，對本身遭遇的困境提出控訴。聽完這些「老掉牙」的劇情，一定有人會質疑「騙人的吧？」我當然也無法瞭解他們背後的故事全貌。不過，我從背誦地鐵路線的男孩們身上學到一些事。即便不能說傳單內容都是真的，但其中勢必存在某種程度的事實——他們無家可歸。

這裡指的不是他們完全沒有家庭，而是就算有家庭也不想回去，或是一旦回去了，也只會讓自己的人生變得更煎熬的複雜境況。當時的我剛在兒福機構任職不久，負責的工作就是盡可能把他們「送回家」。結果不是很成功——因為，就算把這些孩子送回家了，之後又會在地鐵上遇見他們。雖然到了現在才想通，但我費盡千辛萬苦想把他們送回的（法定）「家庭」，並不是他們（真正）的「家庭」。哪怕當時的我有認知到這件事，實際上也不會有什麼改變。無法回到法定家庭的兒童，前途堪憂。

關於家庭不平等的事實，以及因為家庭造成個人間不平等的事實，你我都再清楚不過。我所學的「社會福祉實踐」這門學問，歸根究柢是在探討如何為經歷「失敗」家庭的人提供需要的援助。而我也是基於想要幫助那些獨自在街頭生存與成長的無家兒童，才選擇此作為第一份工作。然而，幫助家庭恢復「功能」的各種理論，只能對部分（狀態還不錯）的家庭有幫助，現實情況可謂相差甚遠。儘管許多社福人員都是全心全意想要幫助家庭「破碎」的人，但在家庭之外的社會，對於家庭「無法完整」的人卻是極為刻薄、殘酷。

在所有不幸的故事裡，幾乎都少不了「家庭」因素。大家總認為問題不在這個名為家庭的制度，而是無法完整的家庭本身。於是，尋找解決方法的切入點也往往聚焦於那個「有問題」的家庭。家庭作為一種制度或習慣，是無法改變的常數，無論自願與否，未能仿效模範家庭的個別家庭都成了需要改變的對象。儘管曾經對於「只要家庭功能正常化，或許一切問題都能迎刃而解」抱持期待，但在多數情況下，這樣的計畫打從一開始就已經失敗——畢竟，使家庭恢復功能這件事本身，實際上就是在合理化與維持起初造成不平等的迴路之一。與此同時，經濟危機襲來，愈來愈多家庭因為經濟困難而分崩離析。

經過了一段很長的時間。有陣子，到處都能見到關於「金湯匙」與「土湯匙」的比喻，但最近讓整個社會沸騰起來的卻是「首抽父母」（或「父母扭蛋」）一詞。生活中一定遇過這樣的例子，菁英父母利用自己的聲望、財富、人脈，為孩子帶來有利的學、經歷，就算孩子闖了禍，也有辦法幫助他們逃避懲戒與處罰。或許在這些事件被清楚揭露時，確實會受到懲罰，但在震驚社會後便默默平息下來的情況更是多不勝數。人們已經逐漸接受了這樣的現實。對別人口中說出「沒本事就怪你父母吧」感到氣憤，於是便也覺得自己無法為人父母。諷刺的是，既然沒本事倒不如不要生小孩，如此一來才能成為這個時代的「好父母」。

對此，有人強烈批判「首抽父母」破壞公平性，甚至已經演變成為翻天覆地的政治激辯。只是，這似乎沒有激發對家庭不平等的根本反思。口口聲聲譴責首抽父母論的那些人，回到家中同樣為了孩子竭盡全力。（不分進步或保守的）多數人都認為，為孩子動用最大的權力是理所當然、不得已，或是崇高，只是差在各自擁有的「最大權力」程度不同罷了。置身於一個任何人都有機會被允許使用父母本事的社會，公平的價值存在多少效力？

現在已經邁入總生育率逐漸下降至連1人都不到的時代，新生兒數從1970年的100．7萬人，變成1995年的71．5萬人、2010年的47萬人，以及2022年的24．9萬人[1]。人口減少對非首都圈區域的影響很大，「地方消失」的危機也已經被討論了一段時間。與此同時，2023年3月一項法案在國會被提出，聲稱引入不適用基本工資的外籍家事勞動者，可以減輕女性育兒負擔，藉以解決低生育率問題[2]。人們不僅批評試圖從國外引進「廉價」勞動力是「現代版奴隸制」，同時也譴責這項措施只會更加貶低家事勞動的價值，強化女性的性別角色。在社會大眾仍爭論著此舉是否能有效從根本提高生育率，首爾市首先宣布將展開引進外籍家事勞動者試驗計畫[3]。

這種幫助家庭發揮正常「功能」的想法，讓人出現了既視感，我不禁搖搖頭。此政策乍看之下似乎能立即減輕女性的家事勞動壓力，但這真的是為了女性而制定的政策嗎？如同本書討論過的，只要想一想以「為子女著想」的花言巧語勸誘「未婚媽媽」將孩子出養至國外、樹立傑出母親的形象神化性別分工的悠久歷史，絕對讓人有足夠的理由懷疑隱藏在「為家庭著想」這個名目背後的意圖或效果。女性真的願意為了確保自己的勞動時間，而將自己的孩子託付給其他女性嗎？那麼，對於照顧我們子女的新移民女性，又將自己的子女託付給其他女性的跨國連鎖效應，我們該如何處理呢？這項政策，究竟是為了誰？

讓我們稍微換個說法，重新提問一次。誰會在這項政策中受益？就像殺手遊戲一樣，試著找出偽裝成平民的「殺手」。像是那些沒有現身在政策面前，但事實上卻能透過政策取得利益的人，比如說企業？引進外籍家事勞動者是否有辦法改善家庭生活不得而知，但企業顯然可以藉此順利取得勞動力。可是，為什麼企業卻沒有參與政策討論的構思過程呢？如果我們將企業視為變數，而不是常數，或許就會先想到能改變企業的政策，讓人們可以獲得更多時間投入照顧。

在過去那段為了經濟發展竭盡心力的歲月裡，國家致力於為被視作國家重心的產業生產與供給優秀的勞動力。我不想貶低長久以來的努力與成果，但在已經進入所謂先進國家的今時今日，回頭審視這段過程留下的苦果似乎有其必要。長久以來，家庭已經犧牲了互相關懷、分享親密時光，為的就是全心全意投入生產與培養產業需要的人力。如果試著想一想「培養優秀人力」這句話，就會發現我們早已習慣了將人類看待成工具的駭人說法，而家庭也一直（無可奈何地）朝著這個目標邁進。

因此，家庭或企業似乎都一樣，不斷重演著只要經濟陷入低迷，勢必就會從經濟基礎脆弱的家庭開始崩塌。將最大限度地搾取人的勞動力創造利潤視為美德的工業社會，一方面剝奪了家人互相照顧的心力，另一方面又將責任拋還給家庭。無論是在地鐵上遇見的「無家可歸」兒童，或是正計劃在婚姻體制外生活的年輕人，都再再體現了這個社會一直以來深信是萬靈丹的家庭制度，或許只是源於經濟不平等導致階級形成的體制。然而，基於對家庭解體的憂慮而去篩選「不正常」家庭的政策，必然只會加速不平等；而這樣的不平等，最終也創造出人們無法誕生的環境。

在這種情況下，性少數者嘗試進入婚姻制度的行為看起來倒是很奇怪。這本書探討的是關於部分人擔心同性婚姻會動搖既有家庭制度，但實際上也有另一部分的人提出完全相反的憂慮。身處於必須重新詮釋家庭意義的這個時代，也令人擔心要求承認同性婚姻的主張，是否會重新強化既有的家庭論述。同性伴侶結婚並不會對異性伴侶結婚造成改變，也因此圍繞著婚姻的各種問題似乎依然會存在。只是，正如本書所述，在名為「家庭」的制度與傳統之中，性少數者的存在引發了更為本質的議題；其迫使社會必須暫時擱置熟悉的家庭劇本，一起提出質疑——家庭，究竟是什麼？我們究竟是為了誰，又是為了什麼而組織家庭？

從撰寫本書時使用的文獻可以看出，一直以來已經有許多研究人員與社會運動家針對家庭制度做出批判性研究。我認為，自己是懷著欽佩的心情鑽研與整理了這些可謂令人驚豔的豐富研究。關於家庭制度的討論，為什麼始終無法成為重要的政治話題？為什麼家庭生活無法成為國家最重要的議題？在韓國社會，家庭的重要性不如經濟、國防、教育等其他議題的觀念本身，已經說明了現實——家庭依然是為國家生產有用人力的手段，保障《憲法》所要求的家庭生活依然不是國家的目標。

總生育率不滿1人的時代，與讓人在如此荒謬、不平等的社會生小孩的不可能要求，仍在持續共存著。如果說低生育率是韓國社會的國安危機，那不是因為「人口」的減少，而是因為其中意味著這塊土地不是人們願意誕生的地方，意味著這個社會很難讓多元的照顧共同體可以分享時間與心力，過著幸福快樂的生活。人口政策不是家庭政策，而我們卻在不斷重複著分不清兩者間差異何在的社會裡，過完一輩子。於是，我想問——現在，是時候擺脫家庭劇本了吧？

註

※書名及部分人名為暫譯

結語　殺手遊戲

1 KOSIS統計園地，我國新生兒數，https://kosis.kr/edu/visualStats/detail.do?menuId=M_05&ixId=16（2023.6.23瀏覽）。

2 趙廷訓議員等11人，《家事勞動者僱用改善等相關法律》部分條文修正法律案（議案編號2120819），2023.3.22。

3 〈解決低生育率？費用低廉？…充滿問號的外籍家事勞動者引進論〉，《韓國日報》，2023.5.25。

24 이지효，《德國同性婚姻憲法研究》，憲法法院憲法裁判研究院2021。於2017年承認同性婚姻的德國，允許已建立之生活伴侶關係維持原狀，亦可經當事人雙方同意轉為婚姻關係，致使無法締結新的生活伴侶關係。

25 金知慧等，前書第394～400頁。

26 윤진수，《親屬繼承法講義》第3版，박영사2020年出版，第156～159頁；「法律婚與事實婚」參考「輕鬆搜尋生活法令資訊」，法制處，https://easylaw.go.kr/（2023.5.11瀏覽）。

27 仁川地方法院2004.7.23宣告2003드합292判決。

28 首爾高等法院2023.2.21宣告2022누32797判決。

29 最高法院1984.8.21宣告84므45判決。

30 윤진수，前書第148～151頁。

31 龍慧仁議員等11人，《生活伴侶關係相關法律案》（議案編號2121647），2023.4.26。前面提到陳善美議員於2014年準備的《生活伴侶關係相關法律案》，因遭受反對，最終無法順利提案。

32 張惠英議員等12人，《民法》部分條文修正法律案（議案編號2122396），2023.5.31；張惠英議員等15人，《母子保健法》部分條文修正法律案（議案編號2122394），2023.5.31；張惠英議員等14人，《生活伴侶關係相關法律案》（議案編號2122404），2023.5.31。

33 장경섭，〈家庭、國家、階級政治：家庭研究的宏觀社會變動論含義〉，《社會與歷史》第39輯，1993，第231頁。

34 OECD, Social Expenditure Database (SOCX), https://www.oecd.org/social/expenditure.htm（2023.5.12瀏覽）。以2022年為準，韓國公部門支出占比之低，僅高於墨西哥7.4%、土耳其12.4%、愛爾蘭12.8%、哥斯大黎加14.5%。

35 參考OECD, *Rejuvenating Korea: Policies for a Changing Society*, OECD Publishing 2019, 第24～35頁。

同，許多同性伴侶都正在為自己的孩子們提供充滿愛與關懷的家庭……這是男同性戀與女同性戀都能為孩子們不遺餘力地打造溫暖家庭的有力證明。因此，將同性伴侶排除在婚姻之外，並不符合以婚姻權利為核心之前提。一旦缺乏婚姻帶來的認同、穩定性、可預測性，孩子們便因感受到自身家庭存在某些缺陷的烙印而飽受折磨。」（第45頁）。

18 以兒童為中心探討韓國社會家庭主義的書籍，參考金熹暻（김희경），《異常的正常家庭》增訂版，동아시아2022年出版（繁體中文版《異常的正常家庭》，時報出版）。

19 國家指標體系，總生育率，https://www.index.go.kr/unify/idx-info.do?pop=1&idxCd=5061（2023.5.10瀏覽）。

20 김순남，《成家的權利》，오월의봄2022年出版，第63～71頁。將戶主制廢除前的舊《民法》第779條（家屬範圍）：「戶主之配偶、血親及其配偶，按照本法規定登記在戶籍者皆為家屬」，修改為現行法律。

21 參考由「#女性開創世界__性別平等修憲」與「反歧視性少數者彩虹行動」於2018年2月7日在國會舉辦的「框架的轉換性／別／平／等」討論會資料集收錄이진옥、권수현，〈兩性平等的譜系化及其效果〉（第3～26頁）；박한희，〈站在性少數者位置的性別平等〉（第27～37頁）；나영，〈藉由保守新教的「兩性平等」主張，我們必須深思的那些事〉（第38～44頁）。

22 金知慧等，前書第31～42、381～383、392～400頁。

23 송효진等，〈個人化時代，應對未來家庭變化之包容性法制建立方案〉，經濟與人文社會研究會，第183～198頁。關於法國法律婚、《民事伴侶結合法》、同居制度比較，參考Mariage, Pacs ou concubinage (union libre): quelles différences?，https://www.service-public.fr/particuliers/vosdroits/F14485（2023.5.11瀏覽）。

9 由「推動按照目的身分登記法制化共同行動」主辦，於2005年4月14日在國會圖書館召開的證言大會上，社會運動家朴英熙（時任身心障礙女性共感執行長）在「戶籍制度受害案例證言台」說：「二等國民談論身分登記制。」證言大會資料集與速記錄參考http://altersystem.jinbo.net/（2023.5.10瀏覽）。

10 최은아，〈家庭關係登記簿，被國家「曝光」：《家庭關係登記法》施行3個月後，受害案例陸續發生〉，《人權之道》97號，2008.4.2。

11 詳細論述參考김상용，〈2016年《家庭關係登記法》修正之意義與限制：以修正各登記事項的證明書制度為中心〉，《中央法學會》第20卷1號，2018，第49～78頁。

12 最高法院2022.11.24. 자2020스616決定。

13 차선자，〈《健康家庭基本法》之考察〉，《家庭法研究》第18卷2號，2004，第389～391頁。此外，關於《健康家庭基本法》修正後的批判論述參考이재경，〈韓國家庭是「危機」？關於「健康家庭」論之批判〉，《韓國女性學》第20卷1號，2004；김인숙，〈《健康家庭基本法》修正過程出現的家庭與家庭政策論〉，《韓國社會福祉學》第59卷3號，2007。

14 參考Diana Gittins，〈家庭根本不存在（*The Family in Question*）〉，안호용、김흥주、배선희譯，일신사1997年出版。

15 參考변수정、박종서、오신휘、김혜영，〈多元家庭制度包容性提高方案〉，韓國保健社會研究院2017。

16 윤홍식，〈家庭的變化與《健康家庭基本法》的對應：韓國家庭政策的原則與方向確立之考察〉，《韓國家庭福祉學》第14卷，2004，第274頁。

17 根據判決Obergefell v. Hodges, 576 U.S.__(2015)，韓譯版〈世界憲法裁判動向〉2015第6號，於憲法法院憲法裁判研究院2015，第37～71頁介紹。本文中提及的判決文對應內容如下：「正如各方一致認

教育的比例分別為70.0%、61.4%。根據2020年家庭實況調查，已婚家庭針對相同問題的答案比例分別為26.6%、39.2%，出現顯著的差異。此外，相較於法律婚的夫妻關係，針對「在情感方面的連結一致」（83.4%）、「在關係方面的穩定度一致」（70.3%）問項的同意比例偏高，對同居伴侶關係的滿意度則占整體63%（男性64.2%，女性61.7%）。這項數據高於在2020年的家庭實況調查中，接受訪問的已婚家庭配偶關係滿意度57%（男性63.2%，女性50.6%），尤其是男女間的滿意度存在差異（已婚12.6個百分點，未婚同居2.5個百分點）。김영란等，〈未婚同居實況分析研究：2020年家庭實況調查附加研究〉，女性家庭部2021，第41～42、44～45、54～55、90～91頁。

第7章　沒有劇本的家庭

1 最高法院2006.6.22.자2004스42決定。
2 最高法院2011.9.2.자2009스117決定。
3 最高法院2022.11.24.자2020스616決定。
4 最高法院2011.9.2.자2009스117決定。
5 根據德國聯邦憲法法院1 BvL 10/05（2008. 5. 27）之判決，相關資料參考金知慧等，〈關於性少數者歧視的國外立法動向與案例研究〉，國家人權委員會2021，第309～310頁。
6 根據德國聯邦憲法法院1 BvR 3295/07 （2011. 1. 11）之判決，相關資料參考同書第300～302頁。
7 最高法院2011.9.2.자2009스117決定。
8 현소혜，〈《家庭關係登記法》施行10年間的成果與未來改善方案〉，《家庭法研究》第32卷2號，2018，第12～15頁。

2020.2.27.2018헌가11；憲法法院2018.5.31.2015헌바78。

31 《民法》第1112條（特留分的權利者與特留分）。特留分制度是一種妥協方案，既承認死者遺言的自由亦保障遺屬生計；無論死者意願如何都規定部分財產歸「家人」所有。配偶與直系血親卑親屬分別獲得法定應繼分的1/2，直系血親尊親屬與兄弟姊妹則分別獲得法定應繼分的1/3作為特留分。이경희、윤부찬前書第580～583頁。

32 곽민희，〈韓國繼承法配偶應繼分的沿革與發展：與日本應繼分修正討論之比較〉，《國際法務》第11輯1號，2019，第5～10頁。

33 《民法》第1003條（配偶繼承順位）與第1009條（法定應繼分）。

34 〈（判決）獨力扶養孩子的具荷拉父親，「養育貢獻度」受認可…遺產分配比例採6：4〉，《法律新聞》，2020.12.22；박지원，〈關於減輕扶養義務與擴大喪失繼承資格事由的立法理論〉，《弘益法學》第21卷3號，2020，第230頁。

35 《民法》第826條（夫妻義務）、第827條（日常家務代理權）、第832條（日常家務債務連帶責任）。

36 最高法院1993.5.11.자93스6決定。

37 相關研究參考김현경等，《法律定義的家庭意義與限制》，청년허브2019年出版。

38 Dawoom–Together for Change，〈原來我並不孤單：2021青年性少數者社會需求暨實況調查結果報告書〉，인디펍2022年出版，第45頁。

39 김순남，《成家的權利》，오월의봄2022年出版，第123～148頁。

40 具體調查結果如下：首先，針對3007名有同居經驗者為受訪對象，詢問有關同居家庭認知的項目，扣除「相較於婚姻，社會對同居關係的偏見更嚴重」（75.9%）外，回答「相較於婚姻，對祭祀、紅白事等家庭義務的壓力輕」（75.6%）、「對生育子女的壓力輕」（74.9%）的比例最高。接著，檢視針對1022名目前正在同居者為受訪對象的答案時，認為「雙方公平」負擔家事勞動與子女養育／

24 《世界人權宣言》第22條：「人既為社會之一員，自有權享受社會保障，並有權享受個人尊嚴及人格自由發展所必需之經濟、社會及文化各種權利之實現；此種實現之促成，端賴國家措施與國際合作並當依各國之機構與資源量力為之。」

25 M. A. Crowther, "Family responsibility and state responsibility in Britain before the Welfare State," *The Historical Journal* 25(1), 1982, 第131～133頁。

26 《國民基礎生活保障法》第2條第5號與第3條第2項。不過，已故的一親等直系血親之配偶會被排除在外，例如：兒子死亡後，其配偶（即媳婦）便被排除在扶養義務者之外。

27 〈1年內曾和媽媽聯絡過嗎？經詢問後…通知無法領取〉，《Be Minor》，2022.7.11。政府雖於2021年10月公布取消生活補助扶養義務人資格，實際上卻是放寬對扶養義務人之所得、財產標準，仍得經過扶養義務人所得、財產狀態的調查程序。至於醫療補助則與過往一樣，嚴格審核扶養義務人的資格。相關程序參考保健福祉部，《2023國民基礎生活保障計畫綱領》2023，第175～229頁。

28 相關資料參考身心障礙女性共感編著，《機構社會：機構化的場所，反抗的身體》，와온2020年出版。

29 황두영，《不孤單的權利》，시사IN 2020年出版，第172～173頁；〈同居40年的女中同學換來悲劇性死亡（綜合）〉，《聯合新聞》，2013.10.31。

30 《民法》第1000條（繼承順位）。憲法法院曾針對「四親等內旁系血親」為第4順位法定繼承人的規定條款進行違憲審查。憲法法院於2018年與2020年接連做出合憲性解釋，認為「親屬繼承的傳統是繼承法制的原則，起源於過去血親間在經濟上相互幫助與情感聯繫的共享。即使考量到現今社會性質的變化，也很難說它顯然已經喪失意義，以致無法成為賦予繼承權之標準」。憲法法院

學習為中心的母性與兒童期形成〉，《韓國女性學》第33卷1號，2017，第186～188頁；심한별，〈私教育與韓國中產階級居住地鄰里組成〉，《空間與社會》71號，2020。

17 參考조귀동，《世襲中產階級社會》，생각의힘2020；이철승，《不平等的世代》，문학과지성사2019年出版；Daniel Markovits，《菁英世襲》，서정아譯，세종서적2020年出版（繁體中文版《菁英體制的陷阱》，時報出版）；Richard Reeves，《20 VS 80的社會（Dream Hoarders）》，김승진譯，민음사2019年出版；Michael J. Sandel，《公平的錯覺》，함규진譯，와이즈제리2020年出版（繁體中文版《成功的反思》，先覺出版）。

18 雖然在《繼承稅與贈與稅法》第46條第5號提到「教育費」為免稅贈與財產，但「這在《民法》上被解釋為扶養義務者彼此間的教育費，通常被認定為必要之財物」（租稅審判院2018.4.30初審2018부0938決定）。此外，若徵稅標準低於50萬韓元，則不徵收贈與稅（《繼承稅與贈與稅法》第55條第2項）。

19 《繼承稅與贈與稅法》，第46條（免稅贈與財產）第5號。

20 贈與稅財產扣除額，為10年間累積之金額；受贈人為配偶時的上限是6億韓元，為直系血親尊親屬或直系血親卑親屬時的上限是5千萬韓元，六親等內血親與四親等內親屬的上限是1,000萬韓元（《繼承稅與贈與稅法》第53條）。

21 參考《民法》第826條（夫妻義務）第1項、第974條（扶養義務）、第777條（親屬範圍）；이경희、윤부찬，《家庭法》第10次改版，法源社2021年出版，第323～327頁。

22 Anatole France, *The Red Lily*, 8th Edition, trans. by Winifred Stephens, Dod, Mead & Company 1923, 第91頁（原書於1894年出版）。

23 參考June Carbone、Naomi Cahn，《婚姻市場》，김하현譯，시대의창2016年出版，第358頁。

（2023.6.30瀏覽）。

7 「2021未婚男女理想擇偶條件」，Duo Human Life Research Labs，https://www.duo.co.kr/html/meetguide/research_list_view.asp?ct=human_research&idx=1715（2023.5.6瀏覽）。

8 統計廳，〈2021年結婚與離婚統計〉，2022，第1頁。

9 〈健康檢查統計〉，國民健康保險公團，https://kosis.kr/statHtml/statHtml.do?orgId=350&tblId=DT_35007_N130&conn_path=I3（2023.5.6瀏覽）。

10 統計廳，〈2021年僱傭勞動職務所得（報酬）結果〉，2023，第24頁。

11 同文第23頁。

12 신윤정、박신아，〈配偶學歷差距之變化與結婚選擇：以同年出生為中心〉，《保健社會研究》第38卷4號，2018，第440～444、457～459頁。

13 조성호等，《青年世代的婚姻與生產動向相關調查研究》，韓國保健社會研究院2019，第223～224、355～357頁。

14 곽현주、최은영，〈影響已婚女性參與經濟活動的要因：以家庭與勞動市場的性別平等結構為中心〉，《女性研究》88號，2015，第447～450頁；김영미、신광영，〈已婚女性勞動市場的兩極化與家庭所得不平等之變化〉，《經濟與社會》77號，2008，第91～95頁。

15 최세림、강신혁，〈有效利用女性人力資源之政策建議〉，《月刊勞動回顧》2022年4月號，第18頁。

16 關於家庭階級背景對子女影響的研究參考김영미，〈青年階級化：工作與家庭形成造成的青少年期機會不平等〉，《社會科學論集》第47輯2號，2016；노혜진，〈因父母教育同質婚姻產生的子女照顧時間不平等〉，《社會福祉政策》第41卷4號，2014；백경흔等，《教育程度差距實況綜合分析》，韓國教育開發院2017，第137～205頁；백경흔，〈中產階級長期脫離育兒造成性別平等的推延：以

& Joy》，2018.11.21；〈慶男學生人權條例再度泡湯…民主黨5人中有2人「反對」〉，《韓民族日報》，2019.6.25。

40 〈世界首創品德教育義務化…中央與地方政府預算執行〉，《中央日報》，2014.12.30。

41 《品德教育振興法》第1條、第2條第2號、第10條。

42 聯合國教科文組織，《2018修訂版：國際性教育技術指導綱要》，啊哈！首爾市立青少年性文化中心（아하!서울시립청소년성문화센터）譯，2018，第38、43、50頁。

第6章　家庭劇本不平等

1 統計廳，〈2021年僱傭勞動職務所得（報酬）結果〉，2023，第2頁。

2 Marieka Klawitter, "Meta-analysis of the effects of sexual orientation on earnings," *Industrial Relations: A Journal of Economy and Society* 54(1), 2015。

3 Nick Drydakis, "Sexual Orientation and Earnings. A Meta-Analysis 2012-2020," IZA Institute of Labor Economics, June 2021。

4 關於其中存在差異的解釋並不明確。這可能意味著社會上對男同性戀的歧視更強烈，或是同性戀女性的工作比異性戀女性更多。若是考量與伴侶間的關係，男同性戀會因為伴侶是男性而承受較少的經濟負擔；相反，女同性戀會因為伴侶是女性出現嘗試提升自身收入的行為，而不會對伴侶的收入抱持期望。Marieka Klawitter，前文第21～25頁。

5 Maryam Dilmaghani, "Sexual orientation, labour earnings, and household income in Canada," *Journal of Labor Research* 39(1), 2018。

6 OECD, "Gender wage gap" (indicator), https://data.oecd.org/chart/786h

354 ～ 358頁。

30 Joanne Payton, *Honor and the Political Economy of Marriage: Violence Against Women in the Kurdistan Region of Iraq*, Rutgers University Press 2019, 第17 ～ 34頁。

31 同書第9 ～ 10、32 ～ 34頁；Mark Cooney, "Death by family: Honor violence as punishment," *Punishment & Society* 16(4), 2014。

32 Mark Cooney，前書第12 ～ 13頁。

33 조영주等，前書第106 ～ 109頁。每當意識自己是性少數者時，會做出「努力消除諸如此類的想法」、「隱藏」反應的男學生（分別為35.4%、24.0%），較女學生多（分別為21.9%、21.6%），選擇「與父母討論」的男學生（21.1%），較女學生少（32.3%）。對於坦白自己是性少數者的朋友做出「保持距離」、「絕交」反應的男學生（分別為13.9%、7.9%），較女學生（分別為7.5%、1.2%）多。

34 〈「如果女學生想穿褲子，必須先取得校長同意」，不符時代的學生規範〉，《聯合新聞》，2021.12.8。

35 〈遭受家庭與學校背棄，生產後面臨貧困生活…「代代相傳的枷鎖令人恐懼」〉，《首爾新聞》，2019.5.12；은주희、임고운，前書第25、73頁；정해숙、최윤정、최자은前書第75 ～ 79頁。

36 김현수等，〈學生在學校生活的人權保障實況調查〉，國家人權委員會，2016，第162頁。

37 장서연等，前書第26 ～ 27頁。

38 김현수等，前書第91 ～ 93頁。曾經被限制頭髮長度或髮型者53.4%（國中生54.6%、高中生52.6%）、被限制裙／褲長度或寬度者62.3%（國中生70.3%、高中生56.4%）、被限制攜帶化妝／美容產品或機器者67.2%（國中生75.4%、高中生61.0%）、被限制內搭T恤／襪子顏色者25.2%（國中生25.9%、高中生24.6%）。

39 〈慶南學生人權條例公聽會，現場因反方阻撓亂成一團〉，《News

瀏覽）。

23 임금옥、서미아，〈關於10＋歲青少年人工流產經驗之敘述探究〉，《商談學研究》第22卷2號，2021，第121頁。

24 〈因為「我懷孕了」被趕出家門，輾轉流連於旅館…「高中父母」生存記（千禧時代實驗室）〉，《中央日報》，2022.8.16；은주희、임고운，〈2019青少年父母生活實況調查暨改善方案研究〉，美好基金會．韓國未婚媽媽後援會，2019，第50～51、72～73頁；정해숙、최윤정、최자은，〈學生未婚媽媽學習權保障方案〉，韓國女性政策研究院，2014，第70頁。

25 장서연等，〈性取向與性別認同的歧視實況調查〉，國家人權委員會，2014，第16頁。

26 參考性少數者父母組織，《出櫃故事：性少數者與其父母間的故事》，한티재2018，第260、274頁；青少年性少數者危機支援中心叮咚，〈青少年性少數者的離家煩惱與經驗基礎調查報告書〉，2021。

27 “Working towards the elimination of crimes against women committed in the name of honour: Report of the Secretary-General,” United Nations General Assembly, UN Doc. A/57/169, 2002; Mark Cooney, *Execution by Family: A Theory of Honor Violence*, Routledge 2019, 第3～11頁。

28 聯合國大會於2000年（A/RES/55/66）、2002年（A/RES/57/179）、2004年（A/RES/59/165）通過「致力於根除以名譽的名義任意針對女性之犯罪（Working towards the elimination of crimes against women (and girls) committed in the name of honour）」之決議文。https://evaw-un-inventory.unwomen.org/en/intl-policy-framework/general-assembly-of-the-united-nations#nohonour（2023.5.4瀏覽）。

29 David Tokiharu Mayeda and Raagini Vijaykumar, “A Review of the Literature on Honor-based Violence,” *Sociology Compass* 10(5), 2016, 第

被翻譯成50多國語言，在150國銷售超過5,000萬本；在韓國，自1993年翻譯出版後，同樣是銷售量達100萬本以上的暢銷書籍（參考出版社提供的書籍簡介）。本書是根據作者自身經驗撰寫而成的自我啟發類書籍，鼓勵夫妻間相互尊重，卻被批評是以典型性別角色作為前提的性別本質主義方式，將性別差異簡化與極端化。在教育部於2015年發行的〈學校性教育標準案〉中，在介紹本書大綱時固化男性期望自身能力受肯定，以及女性希望受到照顧的傳統觀念，成為了問題所在。即使在引發批判後，隨即從高中性教育教材中刪除相關內容，但在國中課程談論「第14堂課男女的性別意識差異之理解」時，本書依然被用作啟發閱讀動機的參考資料。相關資料參考（社）韓國性暴力相談所、（社）韓國女性熱線，〈針對教育部「學校性教育標準案」之意見書〉，2015；Toni Schindler Zimmerman, Shelley A. Haddock, and Christine R. McGeorge, "Mars and Venus: Unequal planet," *Journal of Marital and Family Therapy* 27(1), 2001。

20 조영주等，〈青少年性教育需求調查研究：以國中生為中心〉，韓國女性政策研究院2018，第65～69、103～104頁。在問卷調查中，增加了關於用語的補充說明。關於性別認同，採用「你是否思考過自己在性方面是誰？（女性、男性、其他性別）」的方式提問；關於性取向，採用「你是否思考過自己在性方面被誰吸引？（女性、男性、其他性別）」的方式提問。

21 教育部．疾病管理廳，〈第17屆（2021年）青少年健康行為調查統計〉，2022，第177、179頁。

22 「幼兒院／國小／國中／高中各級學校概況（以2021年4月1日為準）」，韓國教育開發院教育統計服務，https://kess.kedi.re.kr/stats/school?menuCd=0101andcd=5443&survSeq=2021&itemCode=01&menuId=m_010102&uppCd1=010102&uppCd2=010102&flag=B（2023.5.4

性家庭部回收「本我兒童推薦讀物」書籍的隱憂〉，《ILDA》，2020.9.6；Per Holm Knudsen，《寶寶從哪裡來？》，정주혜譯，담푸스2017年出版；Pernilla Stalfelt，《如果一直被吸引》，이미옥譯，시금치2016年出版。

14 〈蘊含「性知識」的國外優秀圖書太煽情？女性家庭部為了選書鬧哄哄〉，《京鄉新聞》，2020.8.26；〈甫引發爭議便回收性教育書籍的女性家庭部…婦女團體：「遺忘本身存在的原因」〉，KBS，2020.8.31。

15 相關報導參考〈阻止脫軌的10＋歲下：性犯罪、道德犯〉，《京鄉新聞》，1975.8.25；〈健全與自然〉，《京鄉新聞》，1977.5.16；〈下令國、高中強化純潔教育〉，《每日經濟》，1978.8.12；〈「性教育綱領」籌備〉，《東亞日報》，1982.1.11；〈10＋歲的懷孕人數愈來愈多〉，《朝鮮日報》，1982.4.22等。

16 조은주，《家庭與統治》，창비2018，第175～217頁。

17 相關現場討論參考김수진等，《總體性教育》，性別平等教育活動家研討會策劃，학이시습2022年出版。

18 教育部，〈學校性教育標準案〉，2015，第5～19頁；教育部，《國小性教育教授與學習課程方案》，第62～66頁，「第4堂課男女的生活」；教育部，《國中性教育教授與學習課程方案》，第112～115頁，「第14堂課男女的性別意識差異之理解」；教育部，《高中性教育教授與學習課程方案》，第90、140頁，「第9堂課對性的正確價值觀、第18堂課健全的性生活條件」。以上各學年度的性教育教授與學習課程方案，下載自忠清北道教育廳2017年5月於官方網站公告之資料。這份資料是依2005年發表的草案進行修訂，但相關資料中沒有記錄確切的發行年分。

19 《男人來自火星，女人來自金星》（約翰．葛瑞著，김경숙譯，동녘라이프2021；繁體中文版由生命潛能出版）自1992年出版迄今，

couples in the Netherlands," *Sex Roles* 68(5), 2013, 第339～344頁。

第5章　學習家庭劇本的性教育

1 〈13歲孕婦在平壤發生的事〉，《東亞日報》，1933.8.27；〈13歲孕婦的丈夫經證實為現役警官〉，《東亞日報》，1933.8.27。

2 〈日漸頹敗的趨勢與「性教育」實現論的興起〉，《東亞日報》，1933.8.30。

3 〈在學校與家庭實施性教育〉，《朝鮮日報》，1933.9.2。

4 〈永遠守身如玉〉，《朝鮮日報》，1933.9.2。

5 〈請父母時刻留意女兒〉，《朝鮮日報》，1933.9.2。

6 〈針對國、高中生的性教育〉，《京鄉新聞》，1968.7.9。

7 〈國、高中生性教育〉，《東亞日報》，1968.7.11。

8 김대현，〈1950～60年代性教育論述重構〉，《學林》第48輯，2021，第562頁。

9 Anna Clark, *Desire: A History of European Sexuality*, 2nd Edition, Routledge 2019, 第10頁。

10 Valerie J. Huber and Michael W. Firmin. "A history of sex education in the United States since 1900," *International Journal of Educational Reform* 23(1), 2014, 第35～44頁；Kristin Luker, *When Sex Goes to School: Warring Views on Sex— And Sex Education— Since the Sixties*, W.W.Norton and Company 2007, 第62～65、85～87頁。

11 Jonathan Zimmerman, *Too Hot to Handle*, Princeton University Press 2015, 第65～67頁。

12 同書第67～69、87～90頁。

13 안지혜，〈「N號房」，韓國究竟需要什麼樣的性教育書籍？：女

（2023.6.30瀏覽）。OECD的性別薪資差距是以薪資中位數為準，該數據以2018年至2022年間各國統計之最新資料為準。補充說明：OECD平均是以2021年為準的11.9%。

34 「低薪勞動者」的定義是「收入未達全體勞動者薪資中位數2/3者」。本文中提及的統計與相關討論，參考女性家庭部，〈以2022統計分析男女生活〉，2021，第19、22～23、33～34頁；김난주，〈韓國性別薪資差距的現況與課題〉，《第19回性別與立法論壇性別薪資差距解決策略方案探索國際會議：瑞士、比利時、日本的經驗與啟示》，韓國女性政策研究院2017，第188～192頁；조수철、김영미，〈韓國勞動市場內的職種女性化與性別薪資差距：貶低價值制度下的性別化薪資效應〉，《產業勞動研究》第26卷3號，2020，第298～300頁。

35 在由Mary C. Brinton與李東周（이동주）劃分性別分工的4種類型中，屬於既堅持由女性負擔家事責任，又歡迎女性參與有薪勞動的「勞動友善保守理念」。補充說明：其餘3種類型分別為男女各自完全負擔僱傭勞動與家事勞動的「傳統理念」、男女皆參與僱傭勞動與家事勞動的「完全平等理念」、擺脫性別分工追求彈性角色的「彈性平等理念」。Mary C. Brinton and Dong-Ju Lee, "Gender-role ideology, labor market institutions, and post-industrial fertility," *Population and Development Review* 42(3), 2016, 第418～421、424頁。

36 Bruno Arpino, Gøsta Esping-Andersen and Léa Pessin, "How do changes in gender role attitudes towards female employment influence fertility? A macro-level analysis," *European Sociological Review* 31(3), 2015, 第370～382頁。

37 女性家庭部，〈2021年兩性平等實況調查主要結果摘要〉，2022，第3、7～8頁。

38 Eva Jaspers and Ellen Verbakel, "The division of paid labor in same-sex

21 「서당（書堂）」，《韓國民族文化大百科辭典》，韓國學中央研究院，https://encykorea.aks.ac.kr/Article/E0027680（2023.4.30瀏覽）；김재인等，前書第131頁。

22 同書第87～95、117～127、140～147頁。

23 권오헌，〈維新體制的新師任堂紀念與賢母良妻之塑造〉，*Journal of Korean Culture* 35，2016，第80～83頁。

24 同文第68～69、77頁。

25 同文第73～77頁；김수진，〈傳統的獨創與女性的國民化：以新師任堂為中心〉，《社會與歷史》第80輯，2008，第219～220、234頁；師任堂教育院，沿革，https://saimdang.gwe.go.kr/sub/info.do?m=0109&s=saimdang（2024.8.7瀏覽）。

26 《江原特別自治道新師任堂像條例》第1條。

27 〈部分女子國、高中的校訓引起「性別歧視」爭議〉，《The Financial News》，2017.8.28；〈「純潔」、「如花似玉」…過時的「校訓」〉，MBC，2019.12.15。

28 〈由學生們親手修訂具性別歧視意味的「校歌」〉，《釜山日報》，2019.7.25。

29 〈女學校〉（譯文），《獨立新聞》，1898.9.9。根據翻譯版，將部分詞彙更改為現代化用語。

30 〈女學生大學錄取率較高的原因？〉，YTN，2021.7.22；〈女學生的大學錄取率較男學生高4.8%p〉，《每日經濟》，2021.7.22。

31 UNDP, "Gender Inequality Index (GII)," https://hdr.undp.org/data-center/thematic-composite-indices/gender-inequality-index#/（2023.5.2瀏覽）。

32 World Economic Forum, *Global Gender Gap Report 2022: Insight Report*, 2022, 第216～217頁。

33 OECD, "Gender wage gap" (indicator), https://data.oecd.org/chart/786h

時代男性養家意識的分歧與性別關係的變化〉，《韓國女性學》，第30卷4號，2014，第166頁。

11 박혜경，〈經濟危機時期家庭主義論述之重組與性別平等討論的限制〉，《韓國女性學》第27卷3號，2011，第89～93頁。

12 배은경，〈「經濟危機」與韓國女性：女性的生涯展望與性別／階級之交集〉，《女性主義研究》第9卷2號，2009，第53～65頁。

13 韓國銀行「（報導資料）大額紙鈔圖案人物選定」，2007.11.5，第6頁。

14 〈婦女界：「5萬元不能使用新師任堂」…反彈聲浪擴大〉，《聯合新聞》，2007.11.7。

15 홍양희，〈殖民時期的「賢母良妻」論與「現代性」問題〉，《史學研究》99號，2010，第309～310、314頁。

16 조규희，〈被創造出來的傑作：新師任堂與草蟲圖〉，《美術史與視覺文化》12號，2013，第60、65～67頁；이숙인，〈根本不存在那樣的新師任堂：權力與性別的變奏〉，《哲學與現實》81號，2009，第139、146～148頁。

17 홍양희，〈「賢母良妻」的象徵——新師任堂：殖民時期新師任堂的再現與性別政治學〉，《史學研究》122號，2016，第160～175頁；윤소영，〈近代國家形成期韓、日的「賢母良妻」論：以共同點與差異點為中心〉，《韓國民族運動史研究》第44輯，2005，第77～80、111～116頁。

18 〈建立學校並教育人民為政府的首要職務〉（譯文），《獨立新聞》，1896.5.12。

19 홍양희，〈殖民時期的「賢母良妻」論與「現代性」問題〉，第303～307頁。

20 김재인等，《韓國女性教育之變遷過程研究》，韓國女性開發院2000，第51～54頁。

4 女性家庭部，〈2021年兩性平等實況調查主要結果摘要〉，2022，第1～2頁。補充說明：針對該問題表示同意者自30＋歲（女性15.1%、男性30.0%）、40＋歲（女性18.4%、男性37.2%），至50＋歲（女性22.4%、男性40.0%）的性別間差異較大；60＋歲（女性40.0%、男性47.5%）的性別間差異較小。

5 統計廳「2000～2010年婚姻狀態生命表」，2013，第2～3、6～7頁。

6 KOSIS，「預期壽命」，統計廳，https://kosis.kr/statHtml/statHtml.do?orgId=101andtblId=DT_2KAA209（2023.4.29瀏覽）。所謂「預期壽命」，係指「特定年分0歲出生者的預期平均生存年數，即0歲時的預期壽命」。

7 A. L. Bowley, "Earners and Dependants in English Towns in 1911," *Economica* 2, 1921, 第106頁；Hilary Land, "The Family Wage," *Feminist Review* 6, 1980, 第60～61頁。

8 김의환針對17～18世紀的鎮川平山申氏家族的奴婢家庭進行調查後，結果顯示在424個家庭中超過一半以上（53.3%）是一人家庭，由父母與未成年子女組成的家庭僅占20.3%。김의환，〈鎮川平山申氏奴婢之存在型態：以奴婢的婚姻與家計繼承為中心〉，《古文書研究》第52輯，2018，第333～334、337頁。

9 장경섭，《明日終焉？：家庭自由主義與社會再生產危機》，집문당2018年出版，第50～51頁。

10 최선영、장경섭，〈父權制在高度自動化工業時期勞動階級家庭的物質矛盾：「男性養家者」勞動生涯不穩定性之家庭轉型〉，《韓國社會學》第46輯2號，2012，第214～225頁。根據신경아的研究顯示，即使是在金融危機前的1993年，男性養家者收入占大部分家庭所得（超過90%）仍達一半以上（54.6%）。這項數據於2003年下降至34.2%，後於2013年微幅增加至46.1%。신경아，〈新自由主義

International Conference on Population and Development: Cairo, 5-13 September 1994," United Nations, New York 1995, A/CONF.171/13/Rev.1, 7.3段落。

51 김도현，〈產前檢查與選擇性墮胎〉，《Be Minor》，2015.8.3。

52 最高法院2017.2.15宣告2014다230535判決。

53 "Swedish Parliament to pay compensation for forced sterilisation of trans people, " ILGA Europe, 2018. 3. 22。

54 Government offers apologies for old Transgender Act, Government of the Netherlands, 2020. 11. 30, https://www.government.nl/latest/news/2020/11/30/government-offers-apologies-for-old-transgender-act（2023.4.28瀏覽）；Karolin Schaps, "Netherlands to compensate trans victims of forced sterilisation,"Reuters, 2020. 12. 2。

第4章　根據性別平等分配角色？

1 根據當時的法律，當海倫是在蘇珊與塔米存在母子關係的狀態下，收養塔米並形成母子關係時，既有的母子關係將會被解除，留下「只承認新母子關係」的解釋空間。在此案件中，由於蘇珊與海倫皆希望被承認為塔米的母親，因此才申請了共同收養。雖然兩人是於1990年12月首次向家庭法院申請收養，但本文是以做出判決的1993年為準陳述事實關係，以便理解最高法院的裁決。

2 "Adoption of Tammy," 619 N.E.2d 315, 416 Mass. 205 (1993)；金知慧等，〈關於性少數者歧視的國外立法動向與案例研究〉，國家人權委員會2021，第434～435頁。

3 Gary S. Becker, *A Treatise on the Family*, Enlarged Edition, Harvard University Press 1991, 第3～4、30～79頁（初版於1981年發行）。

46 Bárbara C. Cruz and Michael J. Berson, “The American Melting Pot? Miscegenation Laws in the United States,” *OAH Magazine of History* 15(4), 2001, 第80 ～ 82頁；Walter Wadlington, “The *Loving* Case: Virginia's Anti-Miscegenation Statute in Historical Perspective, ”*Virginia Law Review* 52(7), 1966, 第1191 ～ 1192頁。

47 以1890年人口統計為準，允許按照人口結構比例移民，卻排斥後來進入的移民者。相關文章內容參考Rachel Silber, “Eugenics, Family & Immigration Law in the 1920's,” *Georgetown Immigration Law Journal* 11(4), 1997, 第884 ～ 888、893頁；“The Immigration Act of 1924 (The Johnson-Reed Act),” Office of the Historian, Foreign Service Institute United States Department of State, https://history.state.gov/milestones/1921-1936/immigration-act等（2023.4.28瀏覽）。

48 金知慧，〈家庭移民制度的階級結構與移工的家庭結合權限制之批判〉，《法制研究》58號，2020，第8 ～ 10、18 ～ 24頁。

49 單憑承認所有新住民眷屬的居留資格，無法完全解決制度上的問題。關於眷屬居留資格制度的設計，是採取國家承認具居留資格者（主要具居留資格者），並予以配偶與未成年子女等家庭成員陪同的居留資格之方式。換句話說，這種結構是依據主要具居留資格者決定其餘眷屬的居留資格。基於這種結構，家庭內部會形成從屬關係，而從屬的家庭成員很容易遭受家庭暴力與兒童虐待等問題。相關討論參考권영실等，〈關於新住民女性與新住民兒童之家庭暴力實況調查暨制度改善方案研究：以國外家庭內暴力經驗為中心〉，關於新住民女性與新住民兒童之家庭暴力實況調查暨制度改善方案研究報告大會資料集，2023.4.27，第47 ～ 55頁。

50 〈正確瞭解性與生育權利：人權框架〉（韓譯版），國際特赦組織2012，第18頁。將國際特赦組織提供的譯本與原文進行比對後，修改部分字句。原文為UN Population Fund (UNFPA), “Report of the

的遺傳或傳染，出於公益層面的考量存在實施絕育手術之必要性時」，保健社會部長官得依規定程序命令患者進行絕育手術。根據當時的施行令規定，可以將發生在胎兒頻率超過10%的高風險疾病，視為命令進行絕育手術之對象，包括①遺傳性精神分裂症、②遺傳性躁鬱症、③遺傳性癲癇、④遺傳性智能障礙、⑤遺傳性運動失調、⑥血友病、⑦具明顯遺傳性犯罪傾向之精神障礙、⑧其他遺傳疾病。

40 該法制定時，《母子保健法》第1條規定：「本法旨在保障母親的生命與健康，協助生產與養育健全子女，為提升國民健康做出貢獻。」在現行的法律中，除了在「本法旨在保障母親與嬰幼兒的生命與健康，協助生產與養育健全子女，為提升國民健康付出貢獻」增加「嬰幼兒」一詞外，幾乎沒有改變。

41 「건전하다（健全）」，《標準國語大辭典》；소현숙，〈優生學的復活與「正常／不正常」的暴力：家庭計畫與身心障礙者強制絕育手術〉，《歷史批評》132號，2020，第268～271頁。

42 國家人權委員會「聯合國《身心障礙者權利公約》第2、3回國家報告書（案）相關意見表明」，2019.2.5。

43 〈「身心障礙者們渴望婚姻生活就像癡人說夢…不得不被阻止的生育」〉，《首爾新聞》，2019.4.18；나영정，〈爭取身心障礙女性的生育權〉，身心障礙女性共感，2015.8.25，https://wde.or.kr/?p=422,https://wde.or.kr/?p=422（2024.8.7瀏覽）。

44 “The Nuremberg Race Laws,” Holocaust Encyclopedia, https://encyclopedia.ushmm.org/content/en/article/the-nuremberg-race-laws（2023.4.28瀏覽）。

45 “Eugenics Legislation,” Center for the History of Medicine at Countway Library, https://collections.countway.harvard.edu/onview/exhibits/show/galtonschildren/eugenics-legislation（2023.4.28瀏覽）。

serials/11901004000000000027（2023.4.26瀏覽）。

29 真相與和解歷史整理委員會，「（報導資料）決定著手調查跨國收養過程34起侵害人權事件」，2022.12.8。

30 김호연等，〈促進身心障礙者父母權利之實況調查〉，國家人權委員會，第52頁。

31 聯合國《身心障礙者權利公約》第23條第1項；參考《禁止歧視身心障礙者與權利救濟相關法律》第28條第1項。

32 김호연等，前書第52頁；該段落為「國家與社會必須支援身心障礙者懷孕、生產、養育，以保障作為父母的權利」。

33 전미경，《近代啟蒙時期家庭論與國民生產計畫》，소명출판2005年出版，第40～44頁。

34 Ann Kerr、Tom Shakespeare，《身心障礙與基因政治：從優生學到人類基因體計畫》，김도현譯，그린비2021年出版，第61～62、77、131～144頁。

35 同書第77～81、86～88頁。

36 신영전，〈殖民地朝鮮的優生運動發展與特徵：以1930年代的『優生』為中心〉，《醫師學》第15卷2號，2006，第134頁。

37 김재형，《疾病、烙印：無菌社會與痲瘋病患的強制隔離》，돌베개2021年出版，第134～142、209～214、248～257頁；〈為痲瘋病患拭淚的最高法院…首次判決確定絕育、墮胎是國家責任〉，《韓民族日報》，2017.2.15。

38 김홍신，〈身心障礙者非法強制絕育手術實況與對策相關調查報告書〉，1999.8.19。

39 根據舊《母子保健法》第9條（1973年2月8日制定為法律第2514號。後於1986年5月10日修正為法律第3824號，包括部分程序經修正後移至第15條；最終於1999年2月8日廢止法律第5859號），「經醫師診斷並確認為罹患大統領令規定之疾病者，為防止該疾病

24 在1948年12月20日制定的舊《國籍法》第3條第1號中，規定外國人為「大韓民國國民之妻者」，取得大韓民國國籍；在1962年11月21日修正的法條中，於維持相同條款的同時，增加「無國籍或因取得大韓民國國籍致6個月內喪失原國籍之外國人」的條件。之後，該條款於1997年12月13日修正的法條（1998.6.14施行）中刪除，並修正為與大韓民國國民結婚的外國籍男女皆可在於國內居住2年以上的條件之下，申請簡易歸化。

25 Arissa H. Oh，前書第278～279頁。

26 2012年施行的《收養特例法》刪除之前在《收養促進與程序相關特例法》中的「促進」，並變更法律名稱；將收養程序從過往的私人機構改為須經家庭法院允許等，進行了重大的修正，而跨國收養兒童的數量也隨著這些改變減少。參考統計資料如下：保健福祉部「各國跨國收養現況（1958～2015）」，兒童管理保障院（前中央收養院），https://www.kadoption.or.kr/board/board_view.jsp?no=193&listSize=10&pageNo=2&bcode=06_1&category=%ED%86%B5%EA%B3%84（2023.4.26瀏覽）；保健福祉部事前公布資訊「國內外收養現況」，https://www.mohw.go.kr/react/gm/sgm0704ls.jsp?PAR_MENU_ID=13&MENU_ID=1304081003&PAR_CONT_SEQ=356055（2016年至2021年，各年度國內外收養現況資料下載）。

27 전홍기혜，〈「他們把沒死的孩子埋進了心底」〉，《Pressian》，2017.11.21；김호수，〈跨國收養與未婚母親，以及韓國的正常家庭〉，《Be Minor》，2019.5.2。

28 Peter Müller，〈被收養人們揭露跨國收養的10個真相〉，《Pressian》，2022.12.2；〈跨國收養：被收養人們何時才能知道真相？〉，《BBC NEWS Korea》，2022.12.27。《Pressian》正在連載跨國被收養人向真相與和解歷史整理委員會申請調查的報導。〈尋找372名跨國被收養人的真相〉，https://www.pressian.com/pages/

14 1948年12月20日制定的《國籍法》第2條第1號，從「出生時，父為大韓民國國民者」視為大韓民國國民，至1997年12月13日修正、1998年6月14日施行的《國籍法》第2條第1項第1號規定「出生時，父或母為大韓民國國民者」，於出生同時即取得大韓民國之國籍。

15 〈直到2005年廢除前，曾是世界獨一無二的「戶主制」〉，「紀錄見證大韓民國」，行政安全部國家紀錄院，https://theme.archives.go.kr/next/koreaOfRecord/ abolishPatri.do（2023.4.24瀏覽）。

16 김아람，前文第51～52頁。

17 〈超過千名混血兒中，百餘名就學〉，《朝鮮日報》，1959.3.17。

18 Arissa H. Oh，前書第191～197頁。

19 1948年7月17日制憲國會頒布的《憲法》第20條規定：「婚姻以男女平權為基礎，婚姻貞潔與家庭健康受國家特別保障」。在1963年修正的《憲法》中刪除「婚姻是以男女平權為基礎」，改為「關於全體國民之婚姻貞潔與保健皆受國家保障」。在1980年修正的《憲法》中，則是「婚姻與家庭生活的建立與維持是基於個人尊嚴與兩性平等」，納入了尊嚴與平等的價值。之後，於1987年修正的現行《憲法》第36條第1項「婚姻與家庭生活的確立與維持，必須奠基於個人尊嚴與兩性平等之上，且國家必須予以保障」，明示國家的保障義務。

20 양현아，《讀韓國家庭法》，창비2011年出版，第248頁。

21 同書第309～310頁。

22 김아람，前文第41～47頁；Arissa H. Oh，前書第86～91、192～204頁。

23 「일민주의（一民主義）」，《韓國民族文化大百科辭典》，韓國學中央研究院，https://encykorea.aks.ac.kr/Article/E0047190（2023.4.26瀏覽）。

nonbinary travelers," *Migration Information Source*, 2022. 8. 17, https://www.migrationpolicy.org/article/x-marker-trans-nonbinary-travelers；〈智利，核發「第三性別」身分證…既非男性也非女性的「非二元性別」：X〉，《韓民族日報》，2022.10.17；金知慧等，前書第292頁；CDADI，前文第35～36頁；홍성수等，〈跨性別者嫌惡歧視實況調查〉，國家人權委員會2020，第27～29頁。

8 大法院2005.11.16자2005스26決定（「姓名權屬憲法上追求幸福的權利與人格權的一部分，為自主權保障之對象，必須尊重個人的主觀意願。」）

9 「混血人」、「混血兒」等詞在當時是指「混血的人」，為的是從種族、民族主義的觀念上與韓國人進行區分。即使後來為了完善稱呼具有多元民族出身背景的人，從政策面引入「多元文化」的用詞，但這也不是指稱包含韓國人在內的文化多元性，而是標籤化外國女性與韓國男性透過結婚移民形成的特定家庭型態，因而引起批判。從本質上來說，以種族、民族的標準劃分與稱呼人的行為本身，即已蘊含了種族、民族主義觀念的局限性。由於找不到替代詞彙的緣故，因此將在本文中沿用韓戰後以種族、民族血統為由，而使用具歧視意味的「混血人」、「混血兒童」。

10 〈全國4萬名成年混血兒的煩惱〉，《朝鮮日報》，1966.4.28。

11 〈盡快將混血兒送養至美國〉，《東亞日報》，1961.6.16。

12 〈全國4萬名成年混血兒的煩惱〉，《朝鮮日報》，1966.4.28。

13 舊《國籍法》（1948年12月20日修正為法律第16號，1997年12月13日修正為法律第5431號前）第2條第3號（「在父不詳或無國籍的情況，母為大韓民國國民者時」依規定視為大韓民國之國民）；Arissa H. Oh，《為什麼那些孩子不得不離開韓國？》，이은진譯，뿌리의집2019年出版，第89頁；김아람，〈1950年代對於混血人的認識與國外收養〉，《歷史問題研究》22號，2009，第51～52頁。

39 總生育率參考OECD,"Fertility rates"(indicator), https://doi.org/10.1787/8272fb01-en（2023.6.28瀏覽）；非婚生育率參考OECD Family Database, "Fertility indicators: SF2.4 Share of births outside of marriage."。

40 KBS視聽者中心，視聽者請願，https://petitions.kbs.co.kr/cheongwon/list（2024.8.5瀏覽）。

41 〈煽動「非婚生育」，藤田小百合參演《超人回來了》引起反對聲浪，青瓦台請願留言板各持已見〉，《韓國日報》，2021.3.28。

第3章　不請自來的誕生，未經允許的生育

1 〈「未進行消除生殖能力手術也能變更性別」…法院首次允許〉，《聯合新聞》，2021.10.22。

2 《跨性別者的性別變更許可申請案等事務處理綱領》（2020年2月21日修正為家庭關係登記例規第550號）第6條第4號。

3 水原家庭法院2021.10.13자2020브202決定。

4 根據ILGA-Europe, Rainbow Europe, https://rainbow-europe.org/#0/8701/0（2023.6.28瀏覽）提供資料計算而成之數值。目前已建立性別認同程序（包含關於性別認同的法律途徑或行政程序）的國家。

5 European Court of Human Rights,A.P., Garçon and Nicot v. France, App Nos. 79885/12, 52471/13 & 52596/13 (2017. 4. 6.) 第123、131～135句；金知慧等，〈關於性少數者歧視的國外立法動向與案例研究〉，國家人權委員會2021，第303～304頁。

6 同書第296頁；Steering Committee on Anti-Discrimination, Diversity and Inclusion (CDADI), "Thematic Report on Legal Gender Recognition in Europe,"Council of Europe 2022, 第20、23～27頁。

7 C. L. Quinan, "Rise of X: Governments eye new approaches for trans and

一方面，為了制定外國兒童在國內出生的登記程序，權仁淑議員等38人亦於2022年6月28日提出《外國兒童的出生登記相關法律案》（議案編號2116167），為人權保障奠定基礎有關一般出生登記的詳細討論，參考김희진等，《沒有生日的孩子們》，틈새의기간2022年出版。

29 女性家庭部〈對於多元家庭的國民認知調查〉，2021，第13頁。從對於其他家庭型態的接受度來看，「收養子女」81.2%、「單親家庭子女」80.2%、「新住民家庭子女」79.2%、「再婚家庭子女」75.1%等。

30 〈「生育即愛國」婦女團體的本末倒置〉，《韓民族日報》，2005.10.27。

31 〈生育即愛國？〉，《女性新聞》，2005.10.28。

32 行政自治部，〈（報導資料）大韓民國生育地圖（birth.korea.go.kr）網站啟用〉，2016.12.28。

33 한수웅，《憲法學》第11版，법문사2021年出版，第1079頁。

34 同書第1080～1088頁。

35 최지은，《我決定不當媽媽》，한겨레출판2020年出版，第119、190頁。

36 參考이민아，〈有計畫的無子女家庭：在韓國社會的生育意義與家庭主義之悖論〉，《韓國社會學》第47輯2號，2013，第154～170頁。

37 大韓民國政府《第3回低生育率與高齡化社會基本計畫（2016～2020）》，2015，第13～17頁；關係部門協力《第4回低生育率與高齡化社會基本計畫》，2020，第20頁。

38 송효진等，《個人化時代，建構應對未來家庭變化的包容性法治方案》，韓國女性政策研究院2021，第186頁。更詳細的內容收錄於本書第7章。

24 Harry D. Krause, "Equal protection for the illegitimate," *Michigan Law Review* 65(3), 1967, 第499頁。

25 〈出生登記遭拒的未婚父，絕不放棄成為爸爸〉，《韓民族日報》，2020.2.22。隨著又名「愛之法」的《家庭關係登記等相關法律》第57條修正後（2015.5.18法律第13285號，2015.11.19施行），除了之前規定「生父欲將非婚生子女登記為親生子女時，其登記即具認知之效力」外，也明示當生母的姓名、戶口所在地、身分證字號等資訊不明時，生父可依程序經法院確認後進行登記。後於2021年3月16日經修正為法律第17928號的此法（2021.4.17施行），亦明示出現無法確定生母身分、所在地，或是生母拒絕配合等困難時，生父可以在取得法院確認後進行出生登記。

26 憲法法院2023.3.23.2021헌마975。雖然「妻子於婚姻期間懷孕的子女被推定為丈夫之子女」（《民法》第844條第1項），但幾乎不可能打破這項推定，承認孩子「親生父親」不是孩子母親的丈夫一事。然而，在《家庭關係登記等相關法律》中，「生父」是以與子女的關係取得承認，作為完成出生登記程序的前提，所以針對上述兒童無法完成出生登記的情況，憲法法院判決不符合《憲法》。因此，修正該法律的目的在於，即使生父在法律上不被承認為親生父親，亦可透過確認生父身分的方式完成出生登記，或是經由醫療機構進行實際的出生登記。

27 〈未婚父也能為子女進行出生登記…「小愛爸爸」金知煥代表「對於承認孩子的基本權利表示感激」〉，《女性新聞》，2023.3.30。

28 該法案為2023年6月30日於國會通過的《家庭關係登記等相關法律》，內容關於要求醫療機構負責人向健康保險審查評價院繳交兒童的出生資訊，並由健康保險審查評價院將出生事實通報市、邑、面首長，經市、邑、面首長確認完成出生登記與否。沒有完成出生登記時，則可在取得監督法院的許可後，依職權進行出生登記。另方漢文學》第67輯，2016，第31～34頁。

14 홍양희，〈「野種」烙印的政治學：殖民地時期「私生兒」問題的法律結構〉，《亞洲女性研究》第52卷1號，2013，第42～47、57頁。在當時的《朝鮮戶籍令》中，有分為非「嫡出子」的「私生兒」與「庶子」，生父必須經由法律程序承認「私生兒」是自己的親生孩子，才能將其登記為「庶子」入籍。

15 舊《民法》（1958年2月22日制定為法律第471號；2005年3月31日修正為法律第7427號前）第985條第1項「（戶主繼承）相同順位之直系血親卑親屬有數人時，以親等近者為優先；在同等地位之直系血親卑親屬中，以婚生子女優先。」

16 이경희、윤부찬，《家庭法》第10次改版，법원사2021年出版，第181、188～194頁；윤진수，《親屬繼承法講義》第3版，박영사2020年出版，第187、191～193頁。

17 Solangel Maldonado, "Illegitimate harm: Law, stigma, and discrimination against nonmarital children," *Florida Law Review* 63(2), 2011, 第351頁；Victor von Borosini, "Problem of illegitimacy in europe," *Journal of Criminal Law and Criminology* 4(2), 1913, 第234頁。

18 根據國立國語院的《標準國語大辭典》，호래자식（野種）一詞的語源來自「홀＋-의＋자식」，後亦變形成為「후레자식」。

19 Serena Mayeri, "Foundling fathers: (Non-)marriage and parental rights in the age of equality," *The Yale Law Journal* 125(8), 2016, 第2303頁。

20 Stanley v. Illinois, 405 U.S. 645, 658 (1972)。

21 Gomez v. Perez, 409 U.S. 535, 536-538 (1973)。

22 Kerry Abrams and Peter Brooks, "Marriage as a message: Same-sex couples and the rhetoric of accidental procreation," *Yale Journal of Law & the Humanities* 21(1), 2009, 第9頁。

23 同文第9頁。

KBS News，2018. 5. 31， https://www.youtube.com/watch?v=zENmA0zQyfY (29:48 ～ 31:15)（2023.4.19瀏覽）。

4 保健福祉部《2023母子保健計畫綱領》，第97 ～ 98頁；〈「未婚生育」雖不違法，卻沒有精子提供與手術費等相關支援制度〉，《聯合新聞》，2020.11.19。

5 OECD Family Database, "Fertility indicators: SF2.4 Share of births outside of marriage," https://www.oecd.org/els/family/database.htm（2023.4.19瀏覽）。「非婚生育率」的定義係指於該年度全體新生兒中，母親是在沒有婚姻狀態下（單身、未婚同居、離婚／喪偶、事實婚關係）生育之比例。不過，在日本、韓國等部分國家，則指稱新生兒父母不存在互相登記為婚姻關係的狀況。

6 허균，《洪吉童傳》，김탁환譯，민음사2009年出版，第16頁。

7 송기호，〈庶孽差別〉，《大韓土木學會誌》第55卷5號，2007，第74 ～ 75頁。

8 송기호，〈妻與妾〉，《大韓土木學會誌》第54卷10號，2006，第111頁。

9 송기호，前文（〈庶孽差別〉），第74頁。

10 권내현，〈朝鮮王朝後期同姓村落成員的通婚狀況〉，《韓國史研究》，132號，2006，第124 ～ 125頁。除了28%的庶子外，其餘為嫡子71.3%、不詳0.7%。

11 송기호，前文（〈庶孽差別〉），第75、78頁。

12 「서얼금고법（庶孽禁錮法）」，《韓國民族文化大百科辭典》，韓國學中央研究院，https://encykorea.aks.ac.kr/Article/E0027919（2023.4.21瀏覽）；이지영，〈論《洪吉童傳》中「家庭內部庶孽差別待遇」之實際情況及其消除的意義：聚焦庶孽溝通的歷史發展過程〉，《東亞古代學》，第34輯，2014，第157頁。

13 신영주，〈朝鮮王朝中期庶孽知識分子的邊緣化與文學對應〉，《東

行《我們該怎麼稱呼？》〉，2020.4.2。

40 以同性婚姻的施行日期為準，各國依照年度排序如下：荷蘭（2001）、比利時（2003）、西班牙（2005）、加拿大（2005）、南非共和國（2006）、挪威（2009）、瑞典（2009）、葡萄牙（2010）、冰島（2010）、阿根廷（2010）、丹麥（2012）、巴西（2013）、法國（2013）、烏拉圭（2013）、紐西蘭（2013）、英國（2014～2020）、盧森堡（2015）、美國（2015）、愛爾蘭（2015）、哥倫比亞（2016）、芬蘭（2017）、馬爾他（2017）、德國（2017）、澳洲（2017）、奧地利（2019）、臺灣（2019）、厄瓜多（2019）、哥斯大黎加（2020）、智利（2022）、瑞士（2022）、斯洛維尼亞（2022）、古巴（2022）、墨西哥（2022）、安道爾侯國（2023），以上以2023年5月為準。

第2章　結婚與生育的絕對公式

1 國家指標體系，總生育率，https://www.index.go.kr/unify/idx-info.do?pop=1&idxCd=5061，（2023.4.19瀏覽）。「總生育率」係指「一名育齡女性（15～49歲）在其育齡期（15～49歲）預期生育的平均新生兒數」。

2 OECD，“Fertility rates”(indicator), https://doi.org/10.1787/8272fb01-en（2023.6.28瀏覽）。從OECD總生育率資料（1970～2021年）來看，扣除兩次（2007、2012年）以外，韓國自2004年以來，一直都是OECD成員國中總生育率最低；自2018年起，總生育率未達1人。根據OECD的資料顯示，韓國是唯一總生育率未達1人的成員國；以2021年為準，總生育率僅次於韓國的是馬爾他的1.13人。

3 〈（完整影片）KBS邀請2018地方選舉首爾市長候選人辯論會〉，

中央研究院，https://encykorea.aks.ac.kr/Article/E0026813（2023.4.16瀏覽）。

30 Mary Wollstonecraft，《女性的權利擁護》，문수현譯，책세상2018年出版，第41頁（繁體中文版《為女權辯護：關於政治及道德問題的批判》，五南出版）。

31 John Stuart Mill，《婦女的屈從》，서병훈譯，책세상2018年出版，第169頁。

32 同書第40～41頁。

33 同書第92～103頁、第173～174頁。

34 장경섭，《明日終焉？：家庭自由主義與社會再生產危機》，집문당2018年出版，第52頁（原文使用單引號）。

35 憲法法院2005.2.3 2001헌가第9號決定。根據梁鉉娥的主張，戶主制是日帝利用朝鮮王朝時期的家庭繼承制度，將日本家庭制度進行法律移植的「錯綜」。양현아，《讀韓國家庭法》，창비2011年出版，第167～176頁。

36 〈直到2005年廢除前，曾是世界獨一無二的「戶主制」〉，「紀錄見證大韓民國」，行政安全部國家紀錄院，https://theme.archives.go.kr/next/koreaOfRecord/abolishPatri.do（2023.4.18瀏覽）。

37 參考안효자、정향인，〈農村地區婆婆面對越南籍媳婦的適應過程〉，《看護行政學會誌》第20卷1號，2014，第28～31頁；강혜경、어성연，〈關於新住民家庭婆媳衝突的情境因素之探索研究：以婆婆與媳婦的訪談為中心〉，*Family and Environment Research* 52(4)，2014，第360～367頁等。

38 나윤정等，〈社會溝通的語言實況調查〉，國立國語院2017年出版，第28～29頁。

39 박철우等，《我們該怎麼稱呼？》，國立國語院2019，第4～5頁；國立國語院〈（報導資料）相互尊重與同理的稱謂：國立國語院發

folkency.nfm.go.kr/topic/detail/541（2023.4.16瀏覽）；參考김성숙，〈關於朝鮮王朝時期定婚之研究〉，《家庭法研究》第20卷3號，2006，第183～184、193、220頁。

20 차선자，〈婚姻意義之轉換與女性〉，《性別法學》，第7卷1號，2015，第110頁；정동호，《韓國家庭法的改變脈絡》，세창출판사2014年出版，第65～66頁。

21 現行《民法》（2011年3月7日修正為法律第10429號）第808條（應得同意之婚姻）①未成年人結婚應得父母同意。若父母之一方不能行使同意權時，應得另一方同意；若父母雙方均不能行使同意權時，應得未成年人法定代理人之同意。②受監護宣告之成年人結婚，應得父母或成年監護人同意。

22 Charlotte Christensen-Nugues, "Parental authority and freedom of choice: The debate on clandestinity and parental consent at the Council of Trent (1545-63)", *The Sixteenth Century Journal* 45(1), 2014。

23 Charles Donahue, "The canon law on the formation of marriage and social practice in the later middle ages," *Journal of Family History* 8(2), 1983, 第146～147頁。

24 Charlotte Christensen-Nugues，前文第53～55頁。

25 同文第55頁。成年年齡之提升，女性由17歲提升至25歲，男性由20歲提升至30歲。

26 Yuval Noah Harari，《Sapiens》，조현욱譯，김영가2015年出版，第231頁（繁體中文版《人類大歷史：從野獸到扮演上帝》，天下文化）。

27 同書第224～232頁。

28 「남존여비（男尊女卑）」，《韓國民族文化大百科辭典》，韓國學中央研究院，https://encykorea.aks.ac.kr/Article/E0012160（2023.4.16瀏覽）。

29 「삼종지도（三從之道）」，《韓國民族文化大百科辭典》，韓國學

10 在日本，妻子與丈夫皆指稱配偶的母親為義母或姑、配偶的父親為義父或舅；稱呼彼此父母時，（與稱呼自己父母時使用相同稱謂）稱配偶的母親為「おかあさん」、配偶的父親為「おとうさん」。홍민표，〈關於韓日親屬稱謂的社會語言學研究：以親屬關係為中心〉，《日本研究》34輯，2013，第112～114頁、第117～118頁。

11 「며느리」（媳婦），《韓國民族文化大百科辭典》，韓國學中央研究院，https://encykorea.aks.ac.kr/Article/E0018137（2023.4.16瀏覽）。

12 유형동，〈風水傳說凸顯的女性行為與蘊含意義：以「女兒搶走的風水寶地」類型與「媳婦破壞風水寶地」類型為對象〉，《語文論集》77輯，2019，第108～111頁；심민호，〈在風水傳說登場的女性人物考察：以男性視角評斷的女性們〉，《民族語文學》37輯，2006，第178～179頁。

13 박현숙，〈民間故事出現「新家人」的兩種視角：關於「挑選媳婦」與「挑選女婿」之民間故事比較〉，《民間文化研究》30輯，2010。

14 同文第9頁。

15 「가부장제（父權制）」，《標準國語大辭典》，國立國語院。

16 參考David Herlihy, "The Making of the medieval family: Symmetry, structure, and sentiment," *Journal of Family History* 8(2), 1983, 118頁；Friedrich Engels，《家庭、私有制和國家的起源》，修訂1版，김경미譯，책세상2018年出版，第99頁。

17 參考「가부장제（父權制）」，《韓國民族文化大百科辭典》，韓國學中央研究院，https://encykorea.aks.ac.kr/Article/E0000200（2023.4.16瀏覽）。

18 박미해，《儒教父權制與家庭、家產》，아카넷2010年出版，第30～31頁。

19 《婚姻法》，《韓國民俗大百科辭典》，國立民俗博物館，https://

（1981～1984）至近期的第7次（2017～2022）皆參與了世界價值觀調查。本文介紹的各國分數與OECD平均分數、排名是根據European Values Study and World Values Survey, Joint EVS/WVS 2017~2022 Dataset Results by Country, GESIS-DAS and JD Systems Madrid, 2022, 412～413頁所提供之結果計算而成；參考網址：https://www.worldvaluessurvey.org/ WVSEVSjoint2017.jsp（2023.4.16瀏覽）。關於韓國在2001年與日本在2000年之爭議，參考世界價值觀第4次（1999～2004）調查的各國結果中的World Values Survey, WV4_Results: South Korea, 2001, 44頁，以及World Values Survey, WV4_Results: Japan, 2000, 79頁；參考網址：https://www.worldvaluessurvey.org/WVSDocumentationWV4.jsp（2023.4.16瀏覽）。

6 韓國之後的排名依序為立陶宛2.8分、土耳其2.1分。此為OECD的38個成員國中扣除比利時、哥斯大黎加、捷克、愛爾蘭、以色列、盧森堡等沒有相關結果的6國後，將其餘32國納入排序之結果。

7 「며느리（媳婦）」，우리말샘，國立國語院，https://opendict.korean.go.kr/dictionary/view?sense_no=457598&viewType=confirm（2023.4.16瀏覽）。

8 參考조남주，「為了討好婆家而失去自我的那些時刻…『地雷』終有一日被引爆」，《京鄉新聞》，2017.8.26。國立國語院針對出現在網站留言板「온라인가나다」關於「며느리（媳婦）」一詞的語源提出的疑問表示：「各學者的解釋可能不盡相同，但實際上沒有明確的根據」；對於15世紀出現的「며늘」一詞之意義與用法，則表示「沒有適合支持相關回覆的根據資料」、「這是目前尚未清楚含義的表達方式」。（2018.11.2，針對國立國語院網站留言板「온라인가나다」有關「媳婦語源」的回覆。）

9 「며느리 부 婦」，NAVER字典，https://hanja.dict.naver.com/#/entry/ccko/6f754cf74eac4353a140d164e69b4333（2023.4.16瀏覽）。

序　「家庭」這部劇本

1　《反歧視法》制定聯盟的社會運動家美柳與李宗杰於2022年4月11日，開始在國會前進行要求制定《反歧視法》的絕食靜坐。此後，直至5月26日，共計有900名公民在持續絕食靜坐的46日間前往聲援，並加入絕食。此外，亦有來自全國各地的公民參與絕食與一人示威的聲援。詳細內容參考《反歧視法》制定聯盟〈（後續報導資料）為爭取制定《反歧視法》的46日靜坐＆絕食後召開記者會指「這是政治的失敗。將會一直奮鬥到《反歧視法》制定為止。」〉，2022.5.25，https://equalityact.kr/press-220526/（2023.5.30瀏覽）。

第1章　為什麼媳婦不可以是男人？

1　「〈拒絕同性戀電視劇，以宗教倫理剝奪基本權利根本是無稽之談〉：無歧世基聯反對國民聯合提出拒看同性戀電視劇運動…發表敦促停止行動的聲明書」，《NEWS & JOY》，2010.6.8。（註：原完整名稱為創造無歧視世界的基督教聯盟，簡稱無歧世基聯。）

2　김선주，〈《人生多美麗》，值得一看的佳作〉，《韓民族日報》，2010.11.14。

3　〈（社論）「媳婦怎麼可以是男人？」…電視劇的偏差〉，《國民日報》，2010.6.7。

4　〈保護同性戀會使家庭遭受破壞？〉，《韓民族日報21》740號，2008.12.18。

5　世界價值觀調查（World Value Survey, WVS）與歐洲價值觀研究（European Values Study, EVS）針對同項問題進行調查，韓國由第1次

國家圖書館出版品預行編目資料

家庭劇本：教育、婚姻、勞動……思辨支配世代的家庭制度與不平等陷阱 / 金知慧著；王品涵譯. -- 初版. -- 臺北市：臺灣東販股份有限公司, 2024.10
248面；14.7×21公分
譯自：가족각본
ISBN 978-626-379-558-7（平裝）

1.CST: 家庭關係 2.CST: 家庭結構

544.1　　113012486

家庭劇本

教育、婚姻、勞動……思辨支配世代的家庭制度與不平等陷阱

2024年10月1日初版第一刷發行

作　　者　金知慧
譯　　者　王品涵
特約編輯　曾羽辰
美術設計　黃瀞瑢
發 行 人　若森稔雄
發 行 所　台灣東販股份有限公司
　　　　　＜地址＞台北市南京東路4段130號2F-1
　　　　　＜電話＞(02)2577-8878
　　　　　＜傳真＞(02)2577-8896
　　　　　＜網址＞https://www.tohan.com.tw
郵撥帳號　1405049-4
法律顧問　蕭雄淋律師
總 經 銷　聯合發行股份有限公司
　　　　　＜電話＞(02)2917-8022

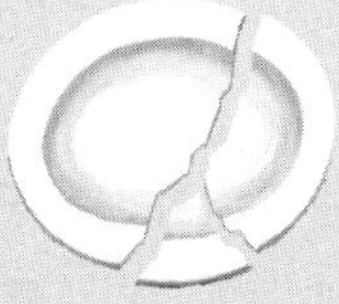